랜드마크로 보는
한국사 이야기

대한민국 대표 명소에서 찾은 역사 문화 예술

교과 연계

사회 4-1 2. 우리가 알아보는 지역의 역사
사회 5-1 1. 국토와 우리 생활
사회 5-2 1. 옛 사람들의 삶과 문화
사회 6-1 1. 사회의 새로운 변화와 오늘날의 우리
국어 6-1 8. 인물의 삶을 찾아서

랜드마크로 보는 한국사 이야기

대한민국 대표 명소에서 찾은 역사 문화 예술

1판 1쇄 발행 2025년 10월 30일

글 구완회 | 그림 권동현

펴낸곳 머핀북 | **펴낸이** 송미경 | **편집** skyo0616 | **디자인** 채담
출판등록 제2022-000122호 | **주소** 서울특별시 마포구 신촌로2길 19 304호
전화 070-7788-8810 | **팩스** 0504-223-4733 | **전자우편** muffinbook@naver.com
블로그 blog.naver.com/muffinbook | **인스타그램** muffinbook2022

ⓒ 구완회, 권동현 2025

ISBN 979-11-93798-27-0 73910

책값은 뒤표지에 있습니다.
잘못된 책은 구입하신 서점에서 바꾸어 드립니다.
이 책은 저작권법에 따라 보호받는 저작물이므로 무단 전재와 복제를 금합니다.
이 책의 내용을 이용하려면 반드시 저작권자와 머핀북의 동의를 받아야 합니다.

어린이제품 안전특별법에 의한 기타표시사항
제품명 도서 | 제조자명 머핀북 | 제조국명 한국 | 사용연령 8세 이상
KC마크는 이 제품이 공통안전기준에 적합하였음을 의미합니다.

랜드마크로 보는
한국사 이야기

대한민국 대표 명소에서 찾은 역사 문화 예술

구완회 글 | 권동현 그림

머핀

작가의 말

랜드마크 따라 떠나는 흥미진진 한국사 여행

만약 외국인에게 대한민국을 소개한다면 어디를 보여 줘야 할까? 서울의 대표 궁궐인 경복궁? 천년 고도 경주의 불국사? 오랫동안 우리나라를 상징하던 남산서울타워나 유네스코 세계 문화유산인 수원 화성도 좋을 것 같아. 이렇게 어떤 지역을 대표하는 건축물이나 조형물을 '랜드마크'라고 불러.

옛날부터 우리나라에도 지역마다 랜드마크가 있었어. 조선 시대 임금님이 살던 서울 경복궁이나 신사임당이 율곡 이이를 낳았던 강릉 오죽헌, 정조 임금이 자주 행차하던 수원 화성 등이 지역을 대표하는 랜드마크였지. 다른 지역 사람들이 서울을 찾으면 경복궁을 보고, 강릉에 가면 오죽헌을 방문하고, 화성 주변에 구름같이 모여서 임금님의 행차를 구경했단다. 수백 년 동안 오죽헌을 찾은 사람들의 방문 기록을 모은 방명록(심헌록)이 있을 정도라니까.

지역의 랜드마크는 세월이 흐르면서 바뀌기도 했어. 임진왜란으로 경복궁이 불타자 창덕궁이 새로운 랜드마크로 떠올랐지. 19세기 말에 세워진 명동성당은 서울에서 제일 높은 건물로 유명해졌고, 20세기 초에는 옛 서울역사가 서울의 새로운 얼굴

이 되었단다. 남산서울타워가 서울의 랜드마크가 된 건 그 이후의 일이었어.

이처럼 랜드마크는 눈에 띄는 건축물일뿐 아니라 그 지역의 역사를 오롯이 품고 있는 대표 유적이기도 해. 화려한 패루가 인상적인 인천 차이나타운에는 우리의 아픈 근대사가, 국립 5·18민주묘지에는 현대사의 흔적이 고스란히 남아 있단다. 그래서 요즘도 지역의 랜드마크마다 관광객들이 북적이는 거야.

이 책에는 우리나라의 각 지역을 대표하는 랜드마크 17곳과 거기에 깃든 역사 이야기가 담겨 있어. 아름다운 사진과 함께 멋진 그림도 실었지. 그림과 사진을 즐기면서 재미난 이야기를 읽다 보면 어느새 우리나라가 더욱 좋아질 거야. 자, 그럼 지금부터 대한민국 대표 랜드마크를 따라 흥미진진한 역사 여행을 떠나 보자!

구완회

차례

작가의 말
4

경복궁
8

창덕궁
22

남산서울타워
36

인천 차이나타운
46

106
경주 대릉원

116
경주 불국사

128
영도대교

138
전주 한옥마을

148
순천 선암사

수원 화성 56

공주 공산성 66

충주 중앙탑 76

강릉 오죽헌 86

도산서원 96

158
국립5·18민주묘지

166
명동성당

176
옛 서울역사

186
함께 알아 두면 좋은
대한민국 랜드마크

188
사진 출처

경복궁

위치 : 서울특별시 종로구 | **건축 시기** : 1394~1395년

조선의 중심 건물, 서울의 랜드마크

경복궁은 '조선 제일의 법궁'이야. '법궁'은 왕이 머무는 궁궐을 말해. 그럼 왕이 살지 않는 궁궐도 있나? 있어. 그걸 '이궁'이라고 하는데, 만일을 대비한 예비 궁궐이지. 그러니까 경복궁은 조선의 궁궐 중 단연 으뜸이었고, 조선 전체를 통틀어 가장 중요한 장소였어. 요즘도 외국인들이 즐겨 찾는 서울의 랜드마크란다.

일제 강점기 시대의 광화문

현재의 광화문과 해태상

광화문 내부와 천장화

광화문 앞에 해태상이 있는 까닭

경복궁의 정문 광화문 앞쪽에는 이순신 장군과 세종대왕 동상이 자리한 광화문 광장이 펼쳐져 있어. 이곳은 조선 시대에도 지금처럼 넓은 거리였지. 거리 양쪽엔 주요 관청들이 줄지어 들어섰어. 현재 광화문 앞에 있는 해태상은 원래 조금 떨어진 사헌부 앞에 있던 거야. 사헌부는 관리들의 부정부패를 감시하던 관청이고, 해태는 부패한 탐관오리를 벌주는 상상 속 동물이거든. 경복궁을 드나들던 관리들은 해태상을 보며 '나쁜 짓은 하지 말아야지.' 하고 마음을 다잡았을 거야.

임금이 계시는 신성한 곳의 시작

영제교 서수

광화문을 지나 안으로 한참 들어가면 돌다리인 금천교(영제교)가 보여. 금천교는 다른 궁궐에서도 볼 수 있는데, 여기서부터 '임금님이 계시는 신성한 곳'이라는 뜻이래. 금천교 옆에는 무섭게 생긴 동물 석상이 있어. 이건 '서수(복을 불러오는 짐승)'라고 하는데, 사악한 기운을 막는 역할을 했대. 경복궁 서수는 온몸이 비늘로 덮여 있고 눈을 부릅뜬 채 금천 바닥을 노려보고 있어. 머리 위로는 세 갈래로 갈라진 뿔이 곧게 뻗어 있지. 그런데 서수는 어딘지 모르게 친근하게 느껴져. 혀를 빼물고 아래를 보고 있는 모습이 익살스럽기까지 해.

영제교와 근정문

파란만장한 역사를 품은
조선 궁궐의 교과서

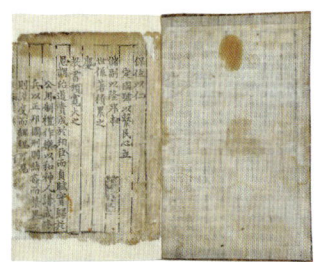

《조선경국전》 | 정도전이 1394년(태조 3년)에 왕에게 지어 올린 법전이야. 조선의 국가 기틀을 마련하는 데 핵심적인 역할을 했지.

경복궁은 조선이 문을 열고 3년 남짓 흐른 뒤에 세워졌어. 태조 이성계가 고려의 수도였던 개경을 뒤로하고 한양으로 수도를 옮기면서 경복궁을 지었지. 경복궁 공사는 태조를 도와 조선을 세운 일등 공신, 정도전이 맡았어. 오랫동안 큰 복을 누린다는 뜻의 '경복궁'이란 이름도 정도전이 지은 거야. 하지만 임진왜란 때 불타 버린 경복궁은 무려 270여 년 동안이나 폐허로 방치되었단다. 전쟁으로 나라 살림이 매우 어려웠거든. 그래서 공사 규모가 큰 경복궁 대신 그보다 작은 창덕궁을 지은 거야.

그러다 고종의 아버지 흥선대원군이 예전보다 더 크고 멋지게 경복궁을 다시 지었어. 새로 태어난 경복궁은 '조선 궁궐의 교과서'라고 부를 만했지. 옛날 중국의 법도를 따르면서도 조선만의 개성을 담았거든. 하지만 일제 강점기를 거치면서 건물의 약 90퍼센트가 사라지고 말았어. 일제가 조선 왕실의 권위를 떨어뜨리려고 궁궐 건물들을 없애 버린 거지. 이때 사라진 건물들은 여전히 복원 중이란다.

〈경복궁도〉 | 고종 때 중건한 경복궁의 모습을 추정해 그린 거야. 혜촌 김학수 화백, 1975년

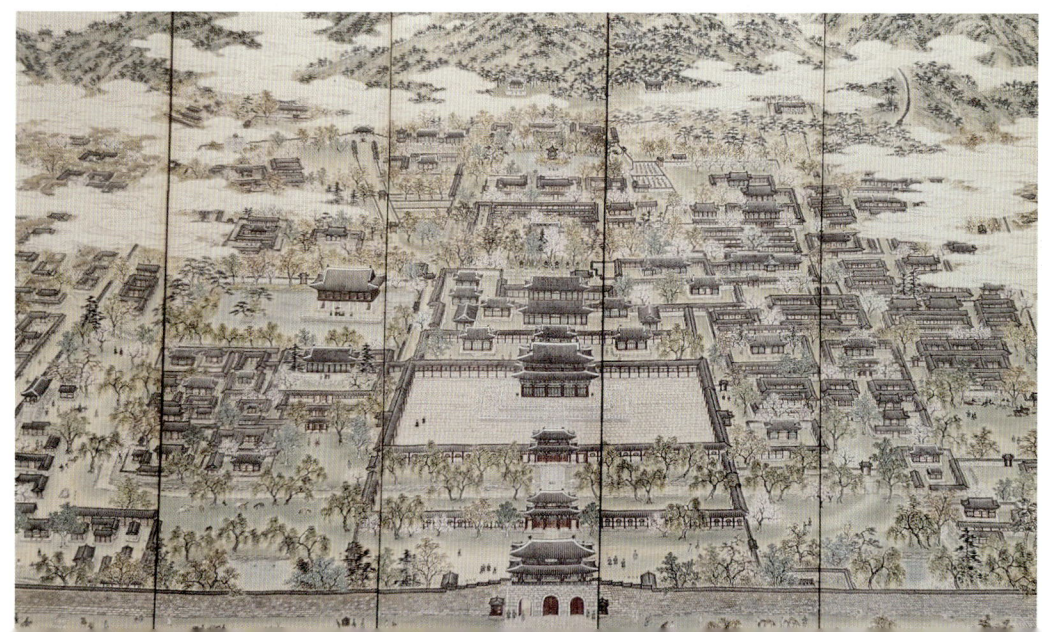

경복궁의 야경

근정전

경복궁의 으뜸 건물 근정전
흥겨운 잔치를 벌이던 경회루

영제교를 지나면 궁궐의 주요 건물이 줄줄이 나와. 가장 먼저 만나는 건 경복궁의 으뜸 건물인 근정전이야. 여기서 외국 사신을 맞이하거나 나라의 중요한 행사를 치렀지. 근정전 앞마당은 '조정'이라 불렀는데, 행사 때면 관리들이 가득 늘어선 모습이 장관이었어. 근정전 위에 올라 조정을 내려다보면 왕이 된 듯한 기분을 느낄 수 있단다.

근정전을 지나 왼쪽으로 가면 제법 넓직한 연못 안에 아름다운 2층 누각 건물이 보여. 이곳의 이름은 경회루. 궁궐에서 큰 잔치를 벌이던 곳이야. 특히 연산군은 이곳에 기생들을 불러 모아 매일 잔치를 벌였대. 이때 부른 기생들을 '흥청'이라 했는데, 여기서 '흥청망청'이란 말이 생겼어. 연산군은 흥청을 모아서 흥청망청 놀다가 결국 왕위에서 쫓겨났단다.

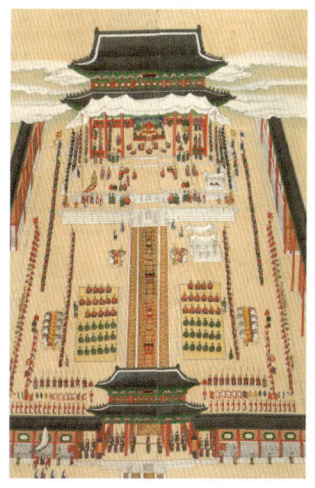

〈정해진찬도병 근정전진하도〉 | 1887년 근정전에서 신정왕후의 팔순을 축하하고 나라의 태평을 기원하는 궁중 의례가 열렸어. 그걸 그린 거야.

경회루

향원정

집무실과 생활 공간이 조화를 이룬 궁궐

근정전 바로 뒤에 있는 건물은 사정전이야. 임금이 나랏일을 보고 신하들과 경연하던 공간이지. '사정(思政)'은 깊이 생각해 정치하라는 뜻으로 정도전이 지었대. 사정전 왼쪽으로 나가면 수정전이 있어. 고종 때 경복궁을 재건할 당시 만들어졌는데, 세종 때 집현전이 있던 자리란다.
업무가 끝나면 임금은 침전(잠을 자고 쉬는 공간)인 강녕전에서 지냈어. 왕비의 침전인 교태전, 대비의 침전인 자경전, 세자가 생활하는 자선당까지가 왕실 사람들의 개인 생활 공간인 셈이지. 침전의 후원인 향원정에서는 왕과 왕비가 담소를 나누며 함께 거닐기도 했을 거야. 향원정 뒤로는 고종의 서재로 주로 사용되었던 집옥재, 명성황후가 시해되었던 건청궁 등 근현대 역사를 느낄 수 있는 건물이 자리하고 있단다.

사정전

수정전

강녕전

교태전

교태전 아미산 굴뚝

자경전

집옥재

건청궁 장안당

떠오르는 해, 세자가 살던 동궁

근정전의 오른쪽 구역은 장차 왕이 될 세자가 지내던 곳이야. 왕세자는 동쪽에서 뜨는 해와 같아서 '동궁'이라 불렀지. 여기에 세자 부부가 살던 집(자선당)과 공부하고 업무를 보던 건물(비현각) 들이 모여 있는데, 그중 자선당의 운명이 참 기구했어. 1914년 일제가 동궁을 몽땅 헐어 버렸는데, 자선당은 일본으로 옮겨져 사설 박물관으로 쓰이다가 지진에 불타 버리고 말았지. 1993년에 기단석만 겨우 한국으로 돌아왔고, 현재 건청궁 한쪽에 전시되어 있단다. 참, 동궁 한 켠에는 경복궁에서 가장 작은 건물이 있어. 바로 궁궐의 뒷간(화장실)이야. 원래는 궁궐 곳곳에 뒷간이 있었는데, 지금은 동궁 앞에만 복원해 놓았단다.

비현각 내부

자선당 내부

임금의 이동식 화장실, 매화틀

조선의 임금은 화장실에 가는 대신 이동식 변기인 매화틀을 주로 이용했어. 나무로 만든 변기 안에 구리 그릇을 넣어서 대소변을 받아 낸 거야. 마른 풀이나 짚을 잘게 썰어 뿌린 후 그 위에 용변을 받고, 다시 마른 풀을 덮어 가져가면 튀는 것도 냄새도 막을 수 있었대. 이 용변은 내의원으로 가져가 왕의 건강을 체크하는 자료로 삼기도 했어. 의원들은 용변의 색을 보거나 냄새를 맡고, 심지어 맛보기도 했대. 그런데 변기 이름이 왜 매화틀일까? 임금은 하늘처럼 귀한 분이라서 임금의 대변을 '매화'라고 높여 불렀기 때문이야.

매화틀

비현각

자선당

한 걸음 더, 역사 이야기

바쁘다, 바빠! 조선 임금의 하루

임금의 하루는 통행금지 해제를 알리는 종소리 '파루'와 함께 시작됐어. 이때가 새벽 네다섯 시 사이. 간단한 죽으로 요기를 하고 웃어른께 문안 인사를 드렸지. 그다음에는 신하들과 함께 유교 경전을 공부하는 경연이 이어졌어. 나라를 잘 다스리기 위해선 공부가 필수였거든. 그래서 아침, 점심, 저녁 총 세 번이나 경연을 했대.

아침 경연이 끝난 뒤엔 왕의 식사인 수라를 든든히 먹고 본격적인 업무를 시작했어. 중요한 보고를 받고, 신하들과 회의를 하고, 전국에서 올라온 상소문까지 읽으면 하루가 다 갔지. 그래서 자정이 되어서야 겨우 잠자리에 들었다는 군. 물론 가끔씩 짬을 내서 활쏘기, 격구, 사냥을 즐겼고 신하들과 잔치를 벌여 군신 간의 우의를 다졌지. 하지만 대부분은 격무에 시달려서 조선 왕들은 건강이 좋지 않았어. 그런 탓에 조선 왕의 평균 수명은 47세에 불과했단다.

경복궁에서 시작된 비극, 왕자의 난

태조 이성계는 아들이 여덟 명이나 되었어. 이들이 서로 왕이 되겠다며 벌인 난리가 '왕자의 난'이야. 태조의 다섯째 아들인 이방원이 처음 왕자의 난을 일으키면서 가장 먼저 군사를 보낸 곳이 바로 경복궁이란다. 경복궁을 차지한 방원은 태조가 세자로 삼은 막내 동생 방석을 죽이고 권력을 잡았어. 그러고는 둘째 형 방과를 왕으로 앉혔지. 자기가 곧바로 왕이 되기에는 눈치가 보였기 때문이야. 이 과정에서 경복궁을 만들었던 정도전도 방원에게 목숨을 잃고 말았어.

이렇게 방원이 권력을 차지한 이후 또다시 왕자의 난이 일어났어. 넷째 방간이 방원에게 도전장을 내밀었던 거야. 하지만 여기서도 방원이 승리했고 마침내 왕위에 올라 태종이 되었단다. 그런데 태종은 경복궁 대신 창덕궁에서 주로 머물렀어. 난을 일으킨 경복궁보다 창덕궁에 머무는 것이 더 마음 편했던 건지도 몰라.

〈조온 사패왕지〉 | 제1차 왕자의 난에 공을 세운 조온에게 토지를 내리는 문서야. 태종이 권력을 잡는 데 기여한 인물들을 알 수 있는 자료란다.

창덕궁

위치 : 서울특별시 종로구 | 건축 시기 : 1405년

창덕궁 후원의 부용지와 주합루

자연과 조화를 이룬 아름다운 궁궐

서울, 아니 대한민국에 있는 조선 시대 궁궐은 모두 다섯 개야. 그런데 그중 딱 하나만 '유네스코 세계 문화유산'에 이름을 올렸어. 그게 바로 창덕궁이란다. '자연과 조화를 이룬 가장 한국적인 아름다움'을 지녔다는 것이 선정 이유지. 특히 구불구불 이어지는 산자락을 따라 들어선 후원은 보기만 해도 감탄이 절로 나온단다.

창덕궁 전경

조선의 왕들이
가장 오래 머문 궁궐

창덕궁은 경복궁의 뒤를 이은 두 번째 궁궐이야. 혹시라도 경복궁에 불이 나면 옮겨 살기 위해 예비로 지은 것이지. 그런데 실제로 조선의 왕들이 가장 오래 머문 곳은 창덕궁이었어. 임진왜란 때 모든 궁궐이 불타 버리고 말았는데, 규모가 큰 경복궁을 다시 지으려면 많은 돈이 필요했거든. 또 풍수적으로 경복궁이 불길하다는 것도 작용했어. 그래서 상대적으로 작은 창덕궁을 먼저 다시 지은 거야. 폐허가 된 경복궁을 새로 지은 건 무려 270여 년 뒤의 일이었어. 조선 왕들이 창덕궁에 오래 머문 또 하나의 이유는, 그만큼 창덕궁이 아름다웠기 때문이란다.

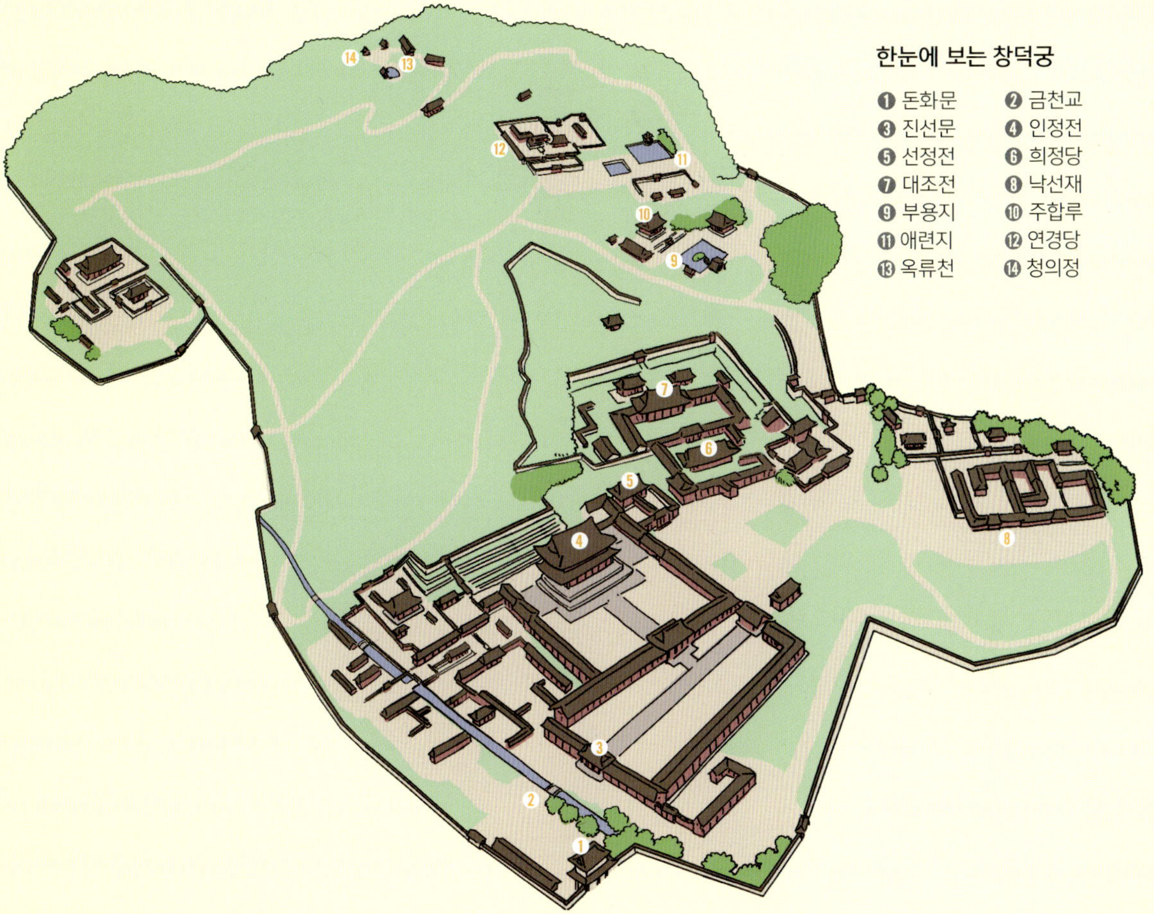

한눈에 보는 창덕궁

1. 돈화문
2. 금천교
3. 진선문
4. 인정전
5. 선정전
6. 희정당
7. 대조전
8. 낙선재
9. 부용지
10. 주합루
11. 애련지
12. 연경당
13. 옥류천
14. 청의정

〈동궐도〉 | 창덕궁과 창경궁을 그린 조선 후기의 궁궐 그림이야. 창덕궁과 창경궁이 서울의 동쪽에 있어서 '동궐도(東闕圖)'라고 불러.

위풍당당 돈화문과 삼정승 나무
가장 오래된 궁궐 돌다리, 금천교

창덕궁 삼정승 나무

창덕궁의 정문은 돈화문이야. '돈화(敦化)'란 임금의 큰 덕으로 백성들을 화목하게 한다는 뜻이지. 이렇게 궁궐은 문이나 건물마다 멋진 뜻을 담은 이름이 있단다. 위풍당당한 돈화문 앞에는 길게 뻗은 월대가 보여. 여기서 여러 행사를 벌였고, 때로는 임금이 백성들을 만나 이야기를 듣기도 했대.

돈화문을 지나 안으로 들어서면 거대한 회화나무 세 그루가 나란히 서 있단다. 이걸 '삼정승 나무'라고 불러. '정승'은 높은 벼슬아치를 가리키는 말이지. 임진왜란 후 창덕궁을 새로 지으면서 심었으니까 사백 살이 넘은 셈이야. 이 나무들은 모두 천연기념물로 지정되어 있어. 삼정승 나무 뒤의 금천교는 현재 남아 있는 우리나라 궁궐의 돌다리 중에서 가장 오래된 거야. 임진왜란 이전인 1411년에 만든 모습 그대로 제자리를 지키고 있단다.

돈화문

진선문과 금천교 전경

금천교 석수

금천교 난간

금천교 측면

창덕궁의 중심 건물, '어진 정치'를 표방한 인정전

조선 제26대 왕이자 대한제국 제1대 황제 고종(1852~1919)

금천교를 건너면 창덕궁의 두 번째 문인 진선문이 보여. 진선문 옆에는 억울한 백성이 임금에게 직접 호소할 수 있는 신문고가 있었단다. 진선문을 지나 길쭉한 마당을 가로지르면 창덕궁의 중심 건물인 인정전이 나와. 이곳은 외국의 사신을 만나거나 중요한 행사가 열리는 장소였지. 십이지신상으로 화려하게 장식한 월대 위에 선 건물이 사뭇 위엄 있게 보이는구나. 그런데 정작 왕의 즉위식이 열린 곳은 인정전의 대문인 인정문 앞이었대. 왕의 즉위식은 선왕의 장례식 중에 열렸기 때문에 아주 간소하게 치러졌거든. 마지막으로 인정문에서 즉위식을 치른 사람은 제26대 임금 고종이었어. 당시 열두 살이었던 고종은 선왕인 철종이 창덕궁에서 세상을 뜨자 인정문 앞에서 즉위식을 치렀단다.

인정전

인정전 내부

희정당

편전으로 사용된 선정전과 희정당

인정전을 지나면 선정전과 희정당이 줄줄이 나와. 선정전은 임금이 업무를 보던 편전으로, 창덕궁 건물 중 유일하게 푸른 기와를 올렸어. 이건 보통 기와보다 몇 배나 비쌌다고 해. 원래 청기와 건물이 더 있었는데, 지금은 선정전만 남았지. 특히 광해군이 이렇게 비싼 기와를 올린 건물을 좋아했다더군. 광해군은 이복동생을 죽이는 등 여러 잘못을 저질러서 결국 신하들에게 쫓겨난 비운의 인물이야. 선정전의 오른쪽에는 희정당이 자리하고 있어. 원래는 왕이 잠을 자던 곳인데 조선 후기에 들어서 편전으로 쓰였어. 희정당은 다른 건물들과 달리 현관이 아주 특이해. 자동차를 타고 내릴 수 있도록 만들었거든. 그런데 조선 시대에 무슨 자동차냐고? 대한제국의 황제였던 고종과 순종은 전용 자동차를 가지고 있었단다.

순종황제 어차 | 대한제국 제2대 황제 순종이 타던 자동차야.

선정전

대조전과 흥복전

낙선재 후원

창덕궁 건물 곳곳에 서린 아픈 역사들

대조전은 왕과 왕비가 생활하던 곳이었어. 규모가 크고 딸린 건물들도 많았지. 그중 하나였던 흥복전에서는 대한제국의 마지막 어전 회의가 열렸어. 바로 이곳에서 대한제국이 일제에 합병되는 조약이 맺어졌지. 물론 강제로 말이야.
창덕궁의 마지막 건물인 낙선재는 나라가 망한 후 왕실의 안주인들이 살던 곳이야. 순종의 계비(임금이 다시 장가가서 맞은 왕비) 였던 순종효황후 윤씨와 고종의 외동딸 덕혜옹주, 순종의 이복동생 영친왕의 부인인 이방자 여사가 마지막까지 낙선재를 지키며 살았단다.

낙선재 안주인들의 기구한 운명

순종효황후 윤씨는 마지막 어전 회의를 병풍 뒤에서 엿듣고는 옥새를 치마 속에 감추었대. 강제 합병 조약을 막기 위해서 말이야. 하지만 결국 나라가 망하면서 그 뒤로 낙선재에 살게 되었지. 한국 전쟁 때는 이곳에 들이닥친 북한군에게 수모를 당하기도 했다는구나.
고종의 외동딸 덕혜옹주의 삶은 더욱 기구했어. 환갑을 맞은 고종의 늦둥이 딸로 태어나 귀하게 자랐지만 일본 왕족과 강제로 결혼해 일본에서 살아야 했지. 그곳에서 이혼 후 정신병까지 앓으면서 비참하게 생활했단다. 그래도 말년에는 낙선재로 돌아와 눈을 감았으니, 그나마 다행이라 해야 할까.

고종황제와 황실 가족 | 왼쪽부터 의친왕 이강, 순종, 덕혜옹주, 영친왕, 고종, 순종의 계비 순정효황후 윤씨, 의친왕 비 덕인당 김씨, 의친왕의 큰아들 이건이야.

자연과 어우러진 왕실의 정원
창덕궁 후원

낙선재를 빠져나오면 드디어 창덕궁 후원이야. 넓고 아름다운 후원은 단순히 왕의 휴식 공간만은 아니었어. 임금과 신하가 함께 자연을 즐기면서 시와 학문을 논하고, 활쏘기 행사나 군사 훈련을 하기도 했지. 연못에서 낚시도 하고 왕실의 어른이나 신하들을 위해 잔치를 열기도 했단다. 문무 과거의 최종 시험이 치러지던 곳, 그리하여 급제를 꿈꾸는 모든 이들이 모여든 곳 또한 창덕궁 후원이었지.

창덕궁 후원은 크게 네 개의 정원으로 나뉘어져. 제일 먼저 만나는 곳은 작은 연못 부용지야. 네모난 연못 안에 둥근 섬이 있고, 마치 나그네가 물에 발을 담근 것 같은 부용정과 아름다운 주합루가 마주 보고 있어. 제22대 임금 정조는 주합루에 왕실 도서관인 규장각을 만들고 신하들과 함께 공부했대. 가끔은 술도 마시면서 친해지기도 했단다. 이때 부용지에 배를 띄우고 정해진 시간 안에 시를 짓지 못한 신하는 연못 안 작은 섬으로 장난스레 유배를 보내기도 했다는구나.

두 번째 정원인 애련지는 '연꽃을 사랑한다'는 뜻이야. 이곳을 처음 만든 숙종이 붙인 이름이지. 궁녀였던 장희빈을 사랑해 왕비의 자리까지 올렸던 숙종 같은 사랑꾼에게 어울리는 이름 같아.

조금 더 안쪽으로 들어가면 울창한 숲속에 연못과 정자들을 띄엄띄엄 숨겨 놓은 공간이 나와. 보석처럼 박혀 있는 자그마한 정자들 중에서 유독 눈길을 끄는 것은 청의정이야. 궁궐 유일의 초가지붕에다 앞에 작은 논까지 있거든. 임금이 이 논을 직접 갈아 수확한 볏짚으로 지붕을 이어서 농사의 중요성을 일깨웠대. 시원한 여름, 여기서 낮잠을 자면 꿈에서 조선의 왕을 만날 것만 같구나.

부용정

주합루

애련지와 애련정

옥류천

청의정

연경당 안채

한 걸음 더, 역사 이야기

그림의 떡, 신문고

창덕궁 진선문 옆에는 백성이 억울한 일을 하소연할 때 치게 하던 북, 신문고가 있었어. 하지만 신문고가 궁궐 안에 있어서 보통 백성들은 치기 어려웠지. 미리 여러 관청의 허락을 얻어야 하는 등 절차가 복잡했거든. 한마디로 신문고는 그림의 떡에 불과했단다.

그럼 힘없는 백성들은 억울함을 호소할 길이 전혀 없었던 걸까? 그렇지 않아. 많은 백성들이 신문고 대신 '격쟁'을 애용했단다. 국왕이 행차할 때 꽹과리 등을 울려 이목을 끈 다음 억울함을 호소하는 거지. 격쟁을 한 내용은 임금에게 직접 보고되었어. 정조 같은 왕들은 민심을 살피기 위해 격쟁을 적극 허용했단다. 특히 정조는 격쟁 때문에 왕의 행차가 늦어질 정도였다고 해. 하지만 정조가 죽은 뒤 몇몇 가문이 권력을 휘두르는 세도 정치가 시작되면서 격쟁은 제한되었고, 결국 백성들의 언로(임금에게 말을 올릴 수 있는 길)는 막히고 말았단다.

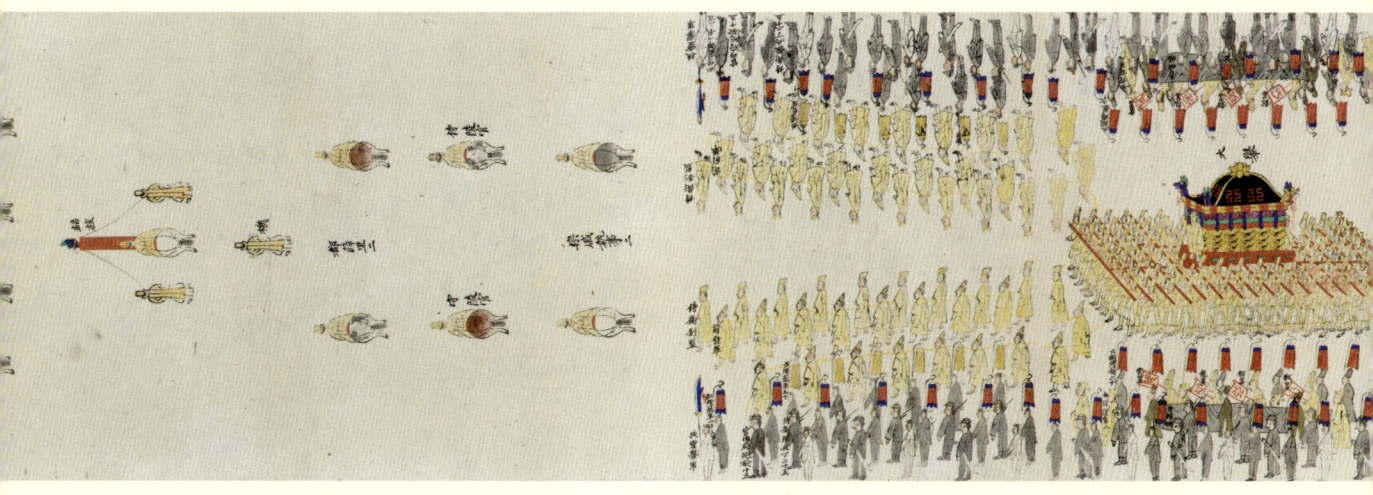

〈명성황후국장도감의궤〉 | 1895년 을미사변으로 시해당한 명성황후의 국장 준비와 진행 과정을 기록한 그림이야.

다시는 왕비로 태어나지 않게 하소서

조선의 왕비는 왕보다 더 고단한 삶을 살았어. 왕은 그나마 선왕의 묘를 찾아가는 '능행'이다, 병을 치료하러 가는 '온행'이다 하면서 바깥바람을 쐬었지만, 바깥출입이 어려운 왕비에게 궁궐은 감옥이나 다름없었지. 더구나 까닥 잘못하면 쫓겨나는 건 물론이고 가문까지 풍비박산되곤 했어. 더러는 목숨을 잃기도 했고 말이야. 오죽했으면 광해군의 왕비 류씨는 궁궐 안에 불상을 모셔 놓고 '다음 생에는 왕가의 여자로 태어나지 않게 해 달라.'고 빌었을까.

문정왕후의 무덤인 서울 태릉

한편 왕비들 중에는 임금 못지않은 권력을 누린 사람도 있어. 고종을 도와 나라를 이끌었던 명성황후나 어린 아들이 임금이 되는 바람에 대신 나랏일을 도맡았던 문정왕후 등이 그랬지. 하지만 이들도 그리 행복하진 않았던 것 같아. 권력을 쥐락펴락했던 명성황후조차도 평소 '내 죽으면 사대문 안을 돌아보지 않으리라.'고 했다니 말이야.

남산서울타워

위치 : 서울특별시 용산구 | 건축 시기 : 1969~1975년

파리엔 에펠탑, 서울엔 남산서울타워

남산서울타워의 정식 명칭은 'YTN서울타워'야. 해외에 서울을 소개하는 사진이나 그림에 어김없이 등장하는 서울의 랜드마크지. 마치 파리 에펠탑이 그런 것처럼 말이야. 처음에는 대한민국 최초의 방송 전파탑으로 세워졌지만 이후 전망대와 전시관, 편의 시설까지 갖추면서 복합 문화 공간이 되었어. 이제는 서울 시민들의 휴식 공간이자 외국인들이 즐겨 찾는 관광 명소로 자리 잡았단다.

동작대교에서 바라본 남산서울타워

서울에서 인천, 개성까지 한눈에 들어오는 멋진 전망대

남산서울타워는 서울 대부분 지역에서 볼 수 있는 대표적인 랜드마크야. 서울 중심부인 남산 위에 자리 잡은 덕분이지. 타워의 높이는 236.7미터인데, 해발 고도는 479.7미터나 돼. 2016년에 555미터인 롯데월드타워가 세워지기 전까지 우리나라에서 가장 높은 해발 고도를 자랑했단다.

남산서울타워가 세워진 건 1975년이야. 이전까지 여러 곳에 흩어져 있던 방송 전파탑을 하나로 모아서 거대한 타워를 세운 거지. 서울 전역에 방송 전파를 잘 보내려고 말이야. 덕분에 서울 어디서나 공중파 방송을 잘 볼 수 있게 되었어. 하지만 남산서울타워가 유명해진 건 꼭대기에 들어선 전망대 덕분이야. 여기선 서울 시내 전역은 물론, 날씨만 좋으면 멀리 인천뿐 아니라 북한 개성의 송악산까지 한눈에 들어오거든.

이후 2005년에 전망대와 편의 시설을 대대적으로 고치면서 새로운 모습으로 변신했어. 2015년에는 전시관과 체험관을 갖춘 복합 문화 공간까지 들어서면서 관광객들이 크게 늘었지. 게다가 남산서울타워 주변에 '사랑의 자물쇠'를 거는 게 크게 유행하면서 연인들의 데이트 코스로도 사랑받게 되었단다. 수백 미터에 이르는 형형색색 자물쇠들은 무게만 무려 100톤 가까이 된다는구나.

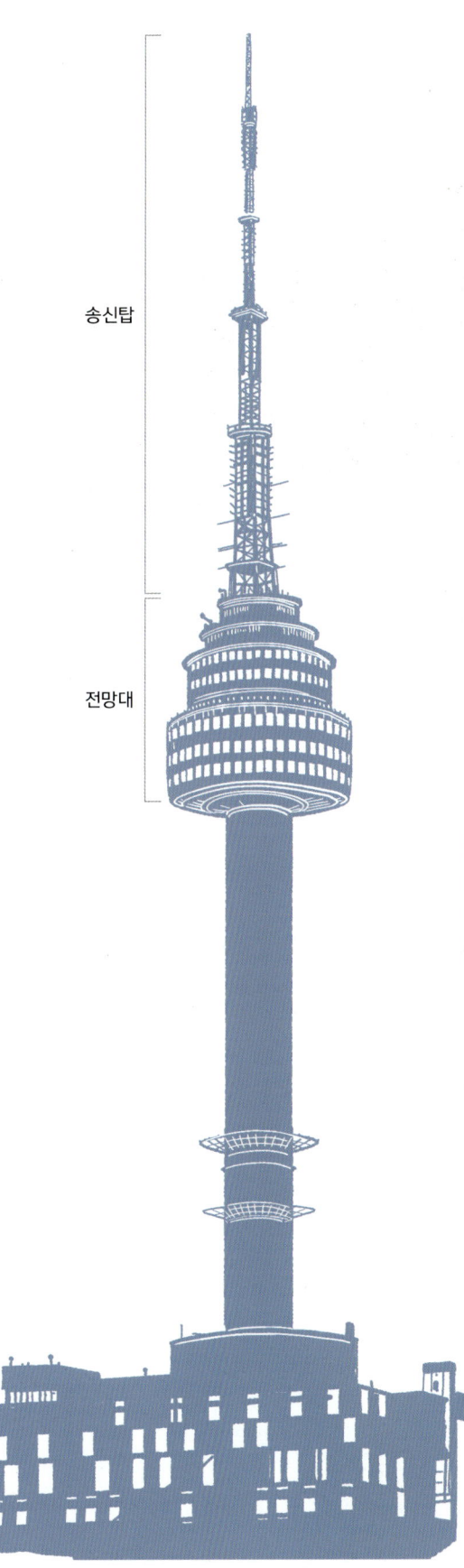

송신탑

전망대

서울타워플라자

남산 구간의 한양도성길

서울을 지키던 한양도성과 봉수대

남산서울타워 옆에는 옛날에 외적이 쳐들어오면 불을 피워 알리던 봉수대가 있어. 원래 남산에는 다섯 곳에 봉수대가 있었는데, 그중 한 곳만 복원해 놓았단다. 그런데 이곳이 정확히 봉수대가 있던 자리인지는 확실치 않아. 아무튼 조선 시대 남산은 남북의 국경 지역에서 시작한 봉수가 마지막으로 도착하는 곳이었어. 북쪽 국경과 남쪽 해안에서 시작한 봉수는 늦어도 열두 시간 안에는 남산에 다다랐대. 낮에는 연기를 피우고, 밤에는 횃불을 밝혀서 급한 소식을 전했지.

봉수대는 다섯 개의 굴뚝으로 이루어져 있는데 평상시에는 하나만 불을 피웠고, 적이 국경 근처에 나타나면 두 개, 가까이 오면 세 개, 국경을 넘으면 네 개, 전투를 시작하면 다섯 개 모두 불을 피웠다고 해.

이렇게 남산은 북쪽의 북악산, 동쪽의 낙산, 서쪽의 인왕산과 함께 서울을 지키는 방패 역할을 했어. 이 산들을 따라 서울을 빙 둘러 세운 성벽이 바로 '한양도성'이야. 성벽에는 동서남북 네 개의 사대문(四大門)과 각 대문 사이에 네 개의 사소문(四小門)을 내었는데, 이를 통틀어 팔대문(八大門)이라고 한단다.

한양으로 수도를 옮긴 태조 이성계는 남산 꼭대기에 국사당을 짓고 나라의 안녕을 비는 제사를 지냈어. 남산 북쪽 자락에는 한양도성을 지키는 군대가 무예를 닦는 '무예장'도 있었대.

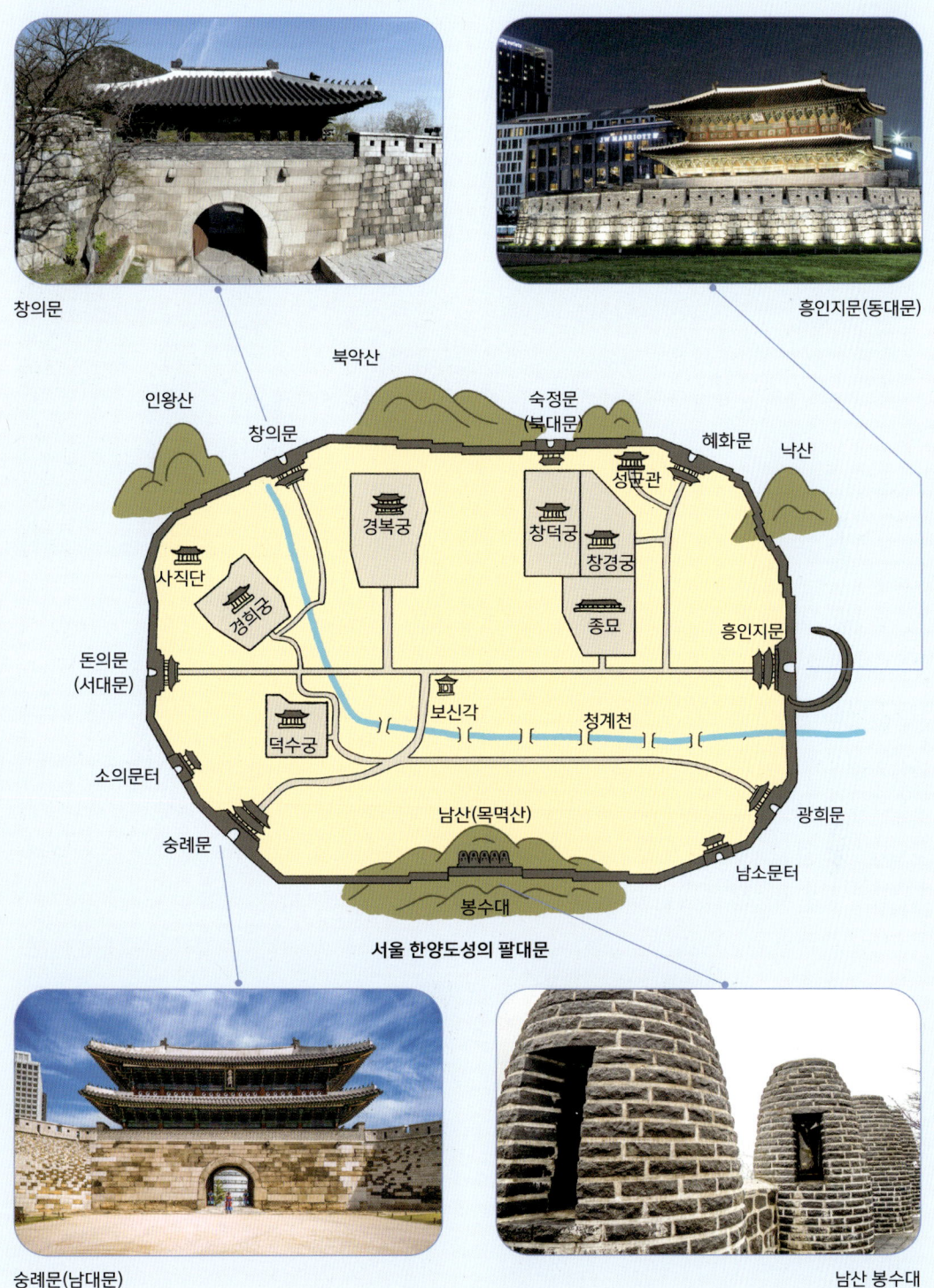

창의문

흥인지문(동대문)

서울 한양도성의 팔대문

숭례문(남대문)

남산 봉수대

일제의 조선신궁을 없애고
시민의 휴식처로 탈바꿈하다

하지만 남산은 일제 강점기 때 그 모습이 많이 바뀌었어. 일제가 국사당을 없애고 어마어마한 규모의 조선신궁을 세웠거든. 조선신궁은 일본의 태양신과 메이지 천황을 모시고 제사를 지내는 신사였어. 신사란 일본 고유 종교인 신토의 사당을 말해. 그러니까 조선의 안녕이 아니라 일본의 안녕을 비는 건물로 바뀐 셈이지. 이 과정에서 한양도성이 크게 훼손되고 남산의 소나무도 무수히 베어졌단다. 애국가에도 나오는 것처럼 남산 소나무 숲은 옛날부터 유명했어. 조선 시대에는 국가 차원에서 남산에 소나무를 심었지.

일제의 조선 지배를 상징하는 기념물, 조선신궁 전경 (1920년대경)

조선신궁은 해방이 된 뒤에야 없어졌고, 그 자리에 안중근의사기념관과 김구 선생을 기리는 백범광장이 만들어졌어. 또한 1천여 종의 식물과 60여 종의 야생 동물이 어우러져 사는 도심 속 공원으로 꾸몄지. 그렇게 남산은 시민들의 휴식 공간으로 탈바꿈했고 지금도 많은 사랑을 받고 있단다.

남산골 한옥마을

남산의 북쪽 자락 필동은 조선 양반들이 즐겨 찾던 휴양지였어. 지금 이곳엔 100년이 훌쩍 넘은 전통 한옥 다섯 채가 모인 남산골 한옥마을이 들어서 있어. 세도가의 집부터 부유한 중인의 집까지, 서울 여기저기에 있던 옛날 집들을 모아서 한옥마을을 만든 것이지. 우리 조상들이 즐겼던 계곡과 연못 등도 전통 정원으로 조성되어 있단다.

남산골 한옥마을의 윤택영 재실 | 조선 순종의 장인 해풍부원군 윤택영의 집이야.

남산서울타워와 팔각정

한 걸음 더, 역사 이야기

조선을 대표하는 실학자 박지원
(1737~1805)

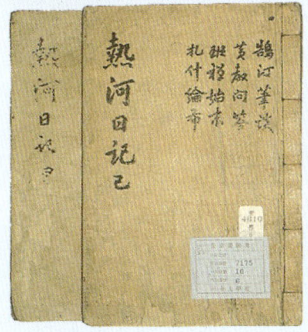

《열하일기》

남산골 샌님, 허생 이야기

조선 정조 때 남산골에 허생이란 가난한 선비가 살았대. 그는 학문에 뜻을 세우고 밤낮으로 책을 읽었는데, 살림이 어려워지자 부인이 돈을 벌어 오라 성화를 하는 통에 결국 집을 떠나게 되었어. 허생은 한양에서 제일가는 부자 변씨를 찾아가 다짜고짜 거금 1만 냥을 빌려 달라고 했지. 허생의 비범함을 알아본 변씨는 선뜻 돈을 빌려주었고, 허생은 그 돈으로 장사를 해서 백만 냥을 벌었단다. 부자가 된 허생은 전국 방방곡곡을 다니며 가난한 사람들을 도운 뒤, 남은 돈 십만 냥을 변씨에게 갚았어. 그러고는 다시 옛날처럼 검소하게 살았다는구나. 이건 조선의 실학자 박지원의 《열하일기》에 실린 단편 소설 〈허생전〉의 줄거리야.

이렇게 남산골에는 허생처럼 가난하지만 뜻이 높고 기개 있는 선비들이 살았어. 이들을 '남산골 샌님'이라 불렀지. 조선 시대 한양은 청계천 북쪽인 북촌과 남산골 남촌, 가운데 중촌으로 나뉘었어. 북촌에는 주로 권세가들이 살았고, 중촌에는 의관(의사)이나 역관(통역사) 같은 중인들이, 남촌에는 벼슬은 낮지만 기개 높은 양반들이 살았단다.

1956년 8월 15일 이승만 대통령의 팔순을 기념해 동상이 세워지는 모습

남산에 깃든 가슴 아픈 근현대사

일제의 조선신궁으로 시작한 남산의 아픈 역사는 이후에도 이어졌어. 1956년, 조선신궁이 있던 자리에 25미터짜리 이승만 대통령 동상이 세워진 거야. 남산에 대한민국 대통령 동상이 세워진 게 왜 가슴 아픈 역사냐고? 이 무렵 이승만 대통령은 독재자가 되어 있었거든. 국민의 뜻과는 상관없이 헌법도 제 마음대로 바꾸면서 죽을 때까지 대통령을 하려고 했지. 나중에는 부정 선거까지 저질렀고 말이야. 결국 성난 시민들이 4·19 혁명을 일으키면서 대통령은 쫓겨나고 동상도 철거되었단다.

하지만 4·19 혁명 이후에도 남산의 가슴 아픈 역사가 계속되었어. 박정희 대통령 때 남산에 들어선 중앙정보부에서 고문과 간첩 조작이 벌어진 거야. 심지어 대학 교수도 여기서 고문을 받다가 숨졌다니 말 다 했지. 중앙정보부는 나중에 국가안전기획부로 이름을 바꾸었지만 고문과 조작은 멈추지 않았어. 지금 이 건물들은 숙박 시설과 공공시설 등으로 바뀌었고, 일부는 인권 전시관으로 바뀌어 고문실 등 어두운 역사를 살펴볼 수 있어.

인천 차이나타운

위치 : 인천광역시 중구 | **건축 시기** : 19세기 말~20세기 초

인천 차이나타운 제1패루 중화가

한민족의 문화 상징 '짜장면'의 고향

인천 차이나타운은 남녀노소 모두 좋아하는 짜장면이 태어난 곳이야. 이곳에 정착한 중국 사람들이 처음 짜장면을 만들었지. 그럼 짜장면은 중국 음식 아니냐고? 아니, 인천에서 시작된 짜장면은 어엿한 한국 음식이야. 대한민국 정부가 뽑은 '한국 100대 민족 문화 상징'에도 들어가 있어. 짜장면 덕분에 차이나타운은 인천을 대표하는 관광지가 되었단다.

인천의 대표 랜드마크 차이나타운 패루

서울 지하철 1호선 인천역에 내리면 길 건너에 거대한 나무 대문이 보여. 붉은 색으로 칠한 것이 우리네 홍살문과 비슷하지. 하지만 문양이 화려하고 기와 지붕을 얹은 모습이 달라. 이건 차이나타운을 상징하는 패루야. 패루는 중국의 전통 건축 양식 중 하나란다. 큰길이나 무덤, 공원 같은 곳의 어귀에 세우던 문이지. 도시의 거리를 아름답게 장식하거나 축하할 일이 있을 때 기념하는 건축으로 세웠다고 해. 전 세계 차이나타운 어디를 가도 이렇게 화려한 패루가 꼭 세워져 있는데, 인천 차이나타운에는 패루가 네 개나 있어. 이곳은 우리나라에서 가장 오래되고 유명한 차이나타운이거든. 그중에서도 가장 큰 제1패루 중화가는 인천을 대표하는 랜드마크가 되었단다.

의선당 | 19세기 말 인천에 들어온 화교들이 고향의 전통 문화를 계승하여 세운 작은 묘당이야.

붉은 화살 문, 홍살문

홍살문은 능(陵)·원(園)·묘(廟)·궁전·관아 등의 정면에 세우던 붉은 칠을 한 문이야. '붉은 화살 문'이라는 뜻으로 홍전문(紅箭門)이라고도 불러. 두 개의 둥근기둥을 수직으로 세우고 위쪽에 긴 나무대를 가로지른 뒤 화살 모양의 나무살들을 죽 박은 형태란다. 지붕도, 문짝도 없고 보통 문의 가운데 윗부분에 태극 문양이 있지.

고양시 서오릉에 있는 경릉의 홍살문

제1패루 중화가

제2패루 인화문

제3패루 선린문

인천 차이나타운 거리

화교들이 들어와 차이나타운을 만들다

인천 각국 조계석 | 미국·영국·청나라·일본·독일의 주거 지역 경계를 표시한 일종의 푯말이야.

인천에 차이나타운이 생긴 건 100년도 더 전의 일이야. 시작은 1882년에 벌어진 임오군란이었어. 이 무렵 조선에는 서양식 신식 군대와 구식 군대가 있었는데, 차별과 푸대접에 불만을 품은 구식 군대가 반란을 일으킨 것이지. 위기에 빠진 조선 정부는 중국 청나라에 도움을 청했고, 청나라는 군대를 보내 임오군란을 진압했단다. 이때 군인들과 함께 중국 상인들도 들어왔는데, 이들이 우리나라에 최초로 들어온 화교였어. 화교란 전 세계로 퍼진 중국 이민자들을 말해. 인구가 많은 중국은 이민자도 많아서 전 세계 어딜 가도 화교가 꼭 있단다.

이듬해인 1883년 인천을 개항한 것도 차이나타운이 생기는 계기가 되었어. 인천항이 문을 여니 외국인들이 쏟아져 들어왔거든. 특히 중국인과 일본인들이 많았지. 조선 정부는 인천에 외국인 거주지인 '조계'를 만들었어. 당연히 청나라와 일본의 조계가 가장 컸는데, 청나라 조계가 차이나타운으로 발전한 거야.

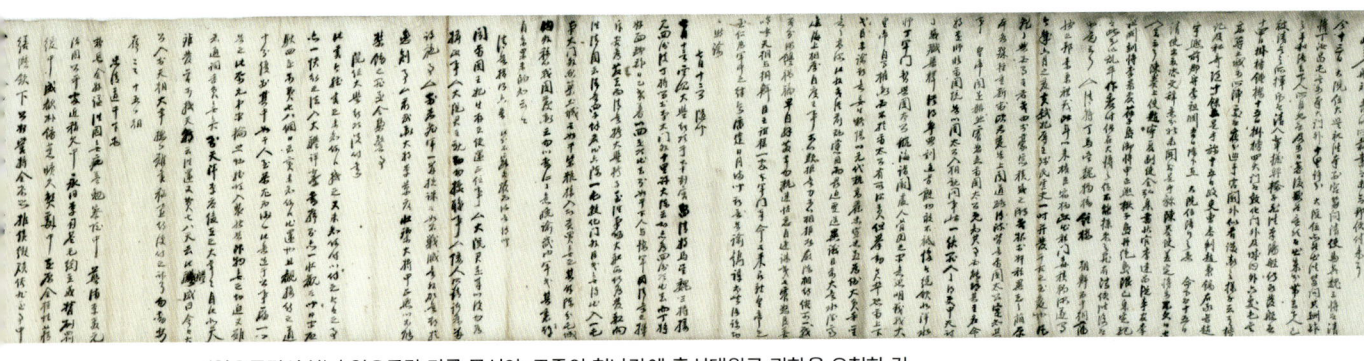

〈임오군란사실〉 | 임오군란 기록 문서야. 고종이 청나라에 흥선대원군 귀한을 요청한 것, 일본이 조선에 요구한 손해 배상 등 임오군란 이후의 일들이 자세히 담겨 있어.

짜장면박물관에서
삼국지 벽화 거리까지

인천 차이나타운에는 여전히 화교들이 많이 살아. 중국풍 건물도 많이 남아 있지. 그중에서도 가장 눈길을 끄는 건 짜장면박물관이야. 회색 벽돌로 지은 이 건물은 100년이 훌쩍 넘은 근대 문화유산이란다. 원래 이곳에는 우리나라에서 맨 처음 짜장면을 판 중국 음식점 '공화춘'이 있었대. 짜장면은 중국의 '작장면'이 인천으로 들어와 변화한 음식이야. 짜고 쌉싸름한 비빔국수였던 작장면에 양파와 캐러멜 소스를 첨가하면서 달콤한 짜장면으로 변한 거지. 처음엔 화교들이 주로 먹었는데, 나중엔 한국 사람들의 입맛까지 사로잡았단다.

짜장면박물관에서 조금 더 가면 '삼국지 벽화 거리'가 나와. 우리에게도 익숙한 《삼국지》의 내용을 타일 벽화로 꾸며 놓은 곳이야. 바로 옆 언덕길 계단에는 공자상이 있어. 이 계단은 옛날 청나라와 일본 조계지의 경계였단다.

짜장면의 역사가 시작된 공화춘

청·일 조계지 경계 계단

삼국지 벽화거리

화교들의 세 가지 칼

짜장면박물관에는 '화교들이 가져온 세 가지 칼'이 전시되어 있어. 바로 음식점에서 쓰는 식칼, 이발용 면도칼, 양복점용 가위야. 화교들은 낯선 타국 땅에서 이 칼들을 가지고 음식점, 이발소, 양복점을 하며 먹고살았어. 나중에는 농사를 짓는 화교들이 더 많이 들어오기도 했지. 인천 차이나타운에는 지금도 화교들이 대를 이어 영업하는 음식점이 많이 남아 있단다.

인천 구 일본제1은행 | 1899년에 지어진 르네상스풍의 석조 건물이야. 모래, 자갈, 석회를 제외한 나머지 모든 건축 재료를 일본에서 직접 가져와 만들었다고 해.

인천 구 일본제18은행

근대 문화유산의 보고

인천 차이나타운에는 중국과 관련된 볼거리만 있는 건 아냐. 일제 시대를 전후해 지어진 근대 건축물들이 많이 남아 있어. 그 중 눈에 띄는 곳은 '인천 구 일본제1은행' 건물이야. 화강암으로 만든 아치와 돔이 돋보이는 르네상스 양식으로, 해방 후에 한국은행 인천지점으로 쓰이다가 지금은 인천개항박물관이 들어서 있어. 인천에 있는 근대 건축물들을 한눈에 보고 싶다면 '인천 구 일본제18은행' 건물로 가는 것이 좋아. 지금 이곳은 인천개항장 근대건축전시관이거든. 1888년에 조성된 우리나라 최초의 서양식 공원인 자유공원도 빼놓을 수 없는 볼거리란다.

용동 큰우물

1883년 인천항이 열렸을 때 만든 우물이야. 오랫동안 이곳 사람들의 생활용수와 식수원이 되어 주었지. 하지만 지금은 사용되지 않고 우물 형태만 남아 있어. 이후 1967년에 이 우물을 보호하기 위해 육각 정자를 세웠다는구나.

인천 자유공원

중국 화교의 시작, 임오군란

임오군란은 '임오년에 군인들이 일으킨 난리'라는 뜻이야. 1882년이 임오년이어서 이런 이름이 붙었지. 임진왜란이 일어난 1592년이 임진년이었던 것처럼 말이야. 임오군란의 원인은 차별 대우였어. 신식 군대였던 별기군은 좋은 군복에 월급도 충분히 받으면서 외국인 교관에게 훈련받았지만, 졸지에 구식 군대가 된 조선 관군은 1년 이상 쌀조차 받지 못했지. 그러다 겨우 쌀을 배급받았는데, 세상에! 이건 쌀 절반에 모래가 절반이지 뭐야. 그나마 쌀도 썩어서 못 먹는 것이 태반이었어.

신식 군인 　 구식 군인

결국 화가 폭발한 구식 군인들은 신식 군대를 만든 개화파 관리들을 죽이고 일본공사관도 공격했어. 당시 별기군이 일본인에게 교육받고 있었거든. 이들은 개화파를 이끌었던 명성황후도 죽이려고 했단다. 하지만 조선 정부의 요청을 받고 들어온 청나라 군대가 구식 군인들을 빠르게 진압하면서 임오군란은 실패하고 말았지. 그런데 임오군란이 끝난 이후에도 청나라 군대는 돌아가지 않고 조선에 남아서 영향력을 행사했어. 이를 계기로 화교들이 늘면서 차이나타운이 만들어진 거야.

임오군란 당시 일본공사관을 습격하는 구식 군인들

한국인이 사랑하는 짜장면의 역사

임오군란 당시 청나라 군대가 조선에 올 때 군인들에게 물자를 대는 쿨리(중국인 노동자)들도 함께 들어왔어. 쿨리 대부분이 조선과 거리가 가까운 산둥 출신이었지. 이들이 인천항(차이나타운) 근처에서 처음으로 한국의 화교 공동체를 이루었단다. 이후 쿨리들은 먹고살기 위해 1890년대부터 부두 한 켠에 솥단지를 걸어 놓고 산둥의 가정식이었던 작장면을 부두 노동자들에게 팔았어. 이를 짜장면의 시초로 보고 있단다. 그러니까 우리가 먹는 짜장면은 북경식이 아니라 산둥식이라고 할 수 있어.

이후 양파와 캐러멜 소스가 듬뿍 들어가면서 한국식 짜장면이 탄생했지만 처음부터 대중적으로 널리 퍼진 건 아니었어. 일제 시대와 한국 전쟁을 거치면서 밀가루가 매우 귀해졌거든. 그러다 한국 전쟁 직후, 미국이 밀가루를 대량으로 원조해 주면서 비로소 짜장면이 전 국민의 사랑을 받게 되었어. 마침 캐러멜 소스를 넣은 춘장이 만들어진 것도 바로 이 무렵이었지. 하지만 당시 짜장면은 요즘처럼 마음만 먹으면 먹을 수 있는 음식이 아니었어. 1980년까지만 해도 짜장면은 입학식, 졸업식, 운동회날, 생일날 같은 특별한 날에 먹는 단골 외식 메뉴였단다.

짜장면은 인기를 끌었지만 화교들의 생활은 어려워졌어. 한국 정부가 화교들의 토지 소유를 금지했기 때문이야. 이 외에도 많은 차별이 있어서 화교들의 수가 점점 줄어들었지. 인천 차이나타운도 쇠락했고 말이야. 다행히 요즘은 화교에 대한 차별이 많이 줄어서 인천 차이나타운도 다시 번영하게 되었단다.

수원 화성

위치 : 경기도 수원시 | 건축 시기 : 1794~1796년

유네스코 세계 문화유산, 수원의 랜드마크

조선 정조 때 만들어진 수원 화성은 수원을 대표하는 문화유산이자 랜드마크야. 수원시를 상징하는 휘장 속 그림도 바로 수원 화성에서 따왔지. 또한 수원 화성은 유네스코 세계 문화유산이기도 해. 전 세계 수많은 관광객들이 아름다운 수원 화성을 보기 위해 수원을 찾고 있단다.

수원 화성의 장안문

북수문(화홍문)

조선을 대표하는 가장 아름다운 성

수원 화성은 가장 아름다운 조선 시대 성으로 손꼽혀. 당시에 지어진 성치고는 건물 하나하나가 매우 다채롭기 때문이야. 성문에는 둥근 옹성을 둘렀고, 안이 텅 빈 건물인 공심돈, 물길이 드나드는 수문, 성벽 중간에 툭 튀어나온 치성(포구)도 만들었지. 이것들은 대부분 성을 방어하기 위한 시설이었지만 보기에도 멋지고 아름다워. 정조가 화성을 튼튼할 뿐 아니라 크고 화려하게 지으라고 명했거든. 그래야 적들이 보기만 해도 사기가 꺾여서 성을 지키는 데 도움이 될 거라고 했지. 그래서 화성이 웅장하고 아름다운 모습을 갖게 된 거란다.

창룡문

화서문과 서북공심돈

동북공심돈

북동포루

화성 성곽

서노대

서북공심돈

화성 행궁

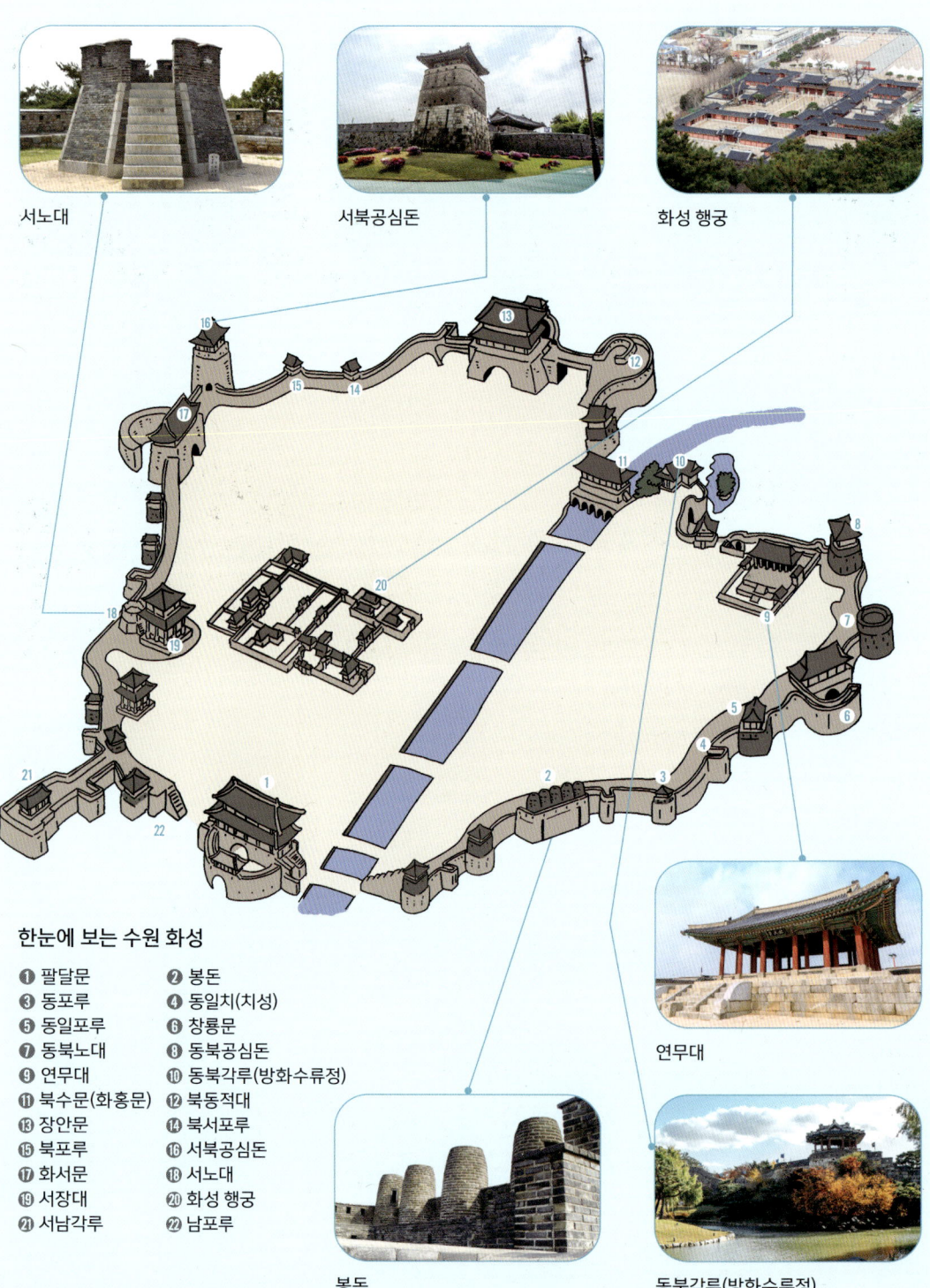

연무대

봉돈

동북각루(방화수류정)

한눈에 보는 수원 화성

1. 팔달문
2. 봉돈
3. 동포루
4. 동일치(치성)
5. 동일포루
6. 창룡문
7. 동북노대
8. 동북공심돈
9. 연무대
10. 동북각루(방화수류정)
11. 북수문(화홍문)
12. 북동적대
13. 장안문
14. 북서포루
15. 북포루
16. 서북공심돈
17. 화서문
18. 서노대
19. 서장대
20. 화성 행궁
21. 서남각루
22. 남포루

정조의 효심과 꿈이
오롯이 담긴 곳

정조는 아버지에 대한 효심 때문에 화성을 세우기로 마음먹었어. 정조의 아버지는 쌀을 담는 뒤주에 갇혀 숨을 거둔 사도세자였단다. 어릴 때 아버지의 비극적인 죽음을 지켜본 정조는 효심이 남달랐어. 그래서 왕위에 오르자 아버지의 묘를 더 좋은 곳으로 옮기기로 했지. 그곳이 지금 경기도 화성에 있는 융릉과 건릉인데, 여기 살던 백성들이 옮겨 가 살 수 있도록 수원에 화성을 지은 거야.

그런데 화성에는 효심뿐 아니라 정조의 꿈도 담겨 있어. 정조는 화성을 방어 시설이자 상업 도시로 만들고 싶어 했지. 그래서 중국의 앞선 기술을 들여와 튼튼한 성을 짓고 상인들이 장사를 잘할 수 있도록 여러 정책을 폈단다. 왕을 지키는 친위 부대인 장용영도 이곳에서 훈련을 시켰지. 정조는 나중에 아들에게 왕위를 물려주고 화성에서 살 계획을 했대. 여기서 나라를 튼튼하게 만들고 백성이 잘 살도록 새로운 정치를 펼 생각이었던 거야. 하지만 병으로 갑작스레 죽는 바람에 꿈을 이루지 못했단다.

조선 제22대 왕 정조(1752~1800)

화성 융릉과 건릉

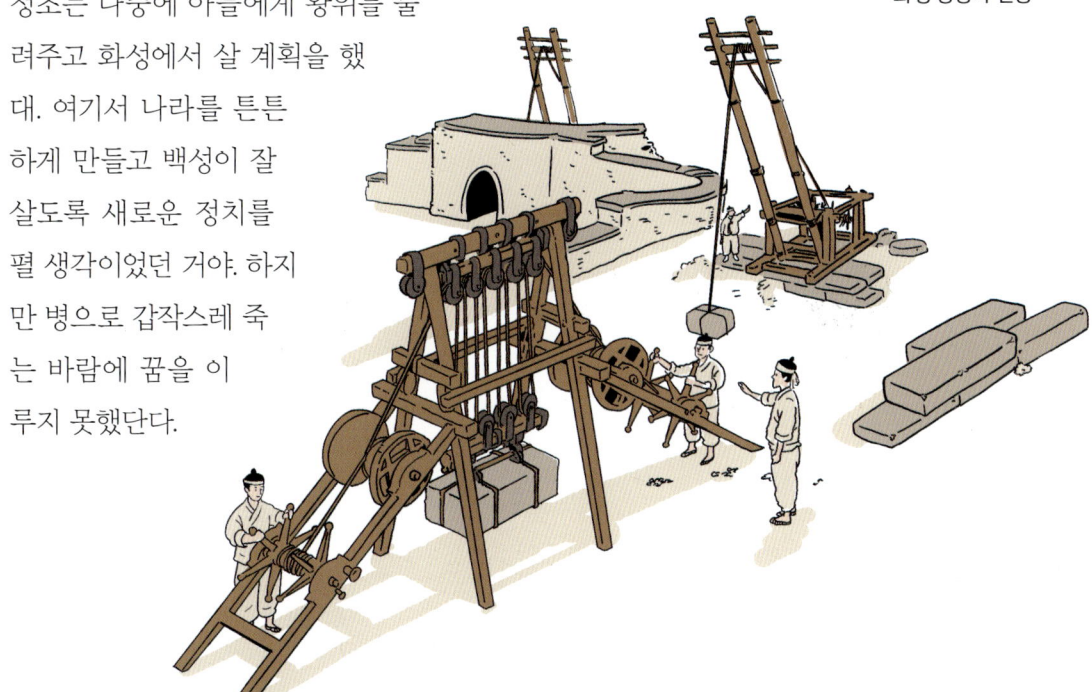

수난을 딛고
유네스코 세계 문화유산으로

정조가 죽은 후 화성의 운명은 순탄치 않았어. 홍수 같은 자연재해로 피해를 여러 번 입었고, 일제 강점기 때는 길을 내고 새 건물을 짓느라 많이 훼손되었지. 그러다 한국 전쟁 때는 이곳에서 전투가 벌어지면서 결정적인 피해를 입고 말았단다. 포탄을 맞은 성벽이 무너지고 많은 건물들이 불에 타 버렸거든. 오죽했으면 "서문은 서 있고 남문은 남았는데, 동문은 도망가고 북문은 부서졌네."라는 노랫말까지 생겼을까. 그만큼 화성의 피해가 심각했단다.

다행히 지금은 화성 대부분이 옛 모습 그대로 복원되었어. 이건 화성의 건축 과정과 실제 모습을 꼼꼼히 기록한 《화성성역의궤》가 남아 있었기 때문이야. 덕분에 화성은 복원된 건물임에도 유네스코 세계 문화유산이 될 수 있었어. 《화성성역의궤》는 유네스코 세계 기록유산이 되었고 말이야. 정말 다행이지 뭐야.

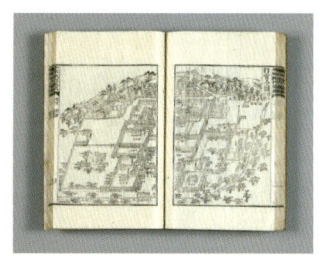
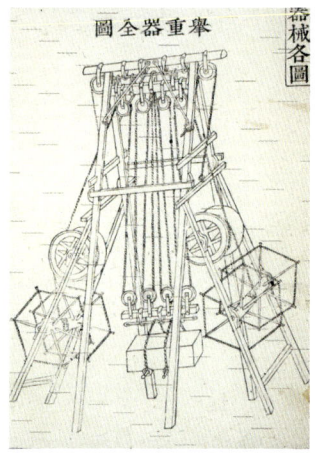

《화성성역의궤》에 실린 화성행궁도와 거중기 그림

조선 후기 실학자 다산 정약용
(1762~1836)

화성을 빨리 만든 비결

화성은 당대의 최첨단 기술로 만들어졌어. 정조가 중국의 기술 서적인 《기기도설》을 정약용에게 주면서 새로운 장비를 만들라고 했거든. 뛰어난 실학자였던 정약용은 이 책을 보고 무거운 물건을 쉽게 들어 올릴 수 있는 거중기와 녹로를 만들었어. 덕분에 튼튼하고 멋진 건축물을 빠르게 완성할 수 있었단다. 또한 공사에 투입된 백성들에게 넉넉한 품삯을 준 것도 공사에 도움이 되었지. 거다가 건물마다 공사 책임자의 이름을 새겨 넣어서 부실 공사도 막았어.

성벽 위를 걸으며 감상하는
아름다운 화성

화성에서 가장 먼저 눈에 띄는 건 옹성을 두른 성문들이야. 동서남북 네 개의 성문 중 북문인 장안문이 정문이란다. 보통 성의 정문은 남쪽으로 난 문인데, 화성은 임금이 북쪽에서 내려왔기 때문에 북문을 정문으로 삼은 거야. 거대한 탑처럼 생긴 공심돈은 우리나라 성 중에서 화성에만 있는 건물이야. 가운데 텅 빈 공간에 군인들을 배치해 적의 공격을 막는 방어 시설이지. 또한 화성에는 물길이 통과하는 수문이 두 개 있는데, 그 위에 누각을 만들고 총구멍을 뚫어서 적을 막도록 했어. 그런데 무지개 모양의 수문과 누각이 어우러진 모습이 얼마나 멋진지 몰라. 정조가 머물던 행궁과 군사 지휘소인 서장대도 꼭 보도록 해. 성벽 위를 한 바퀴 걸으며 주변 경관을 둘러보는 것도 좋아.

서장대(화성장대)

수원 화성의 남문, 팔달문

뒤주에 갇혀 죽은 사도세자

제21대 임금 영조(1694~1776)

사도세자는 영조의 둘째 아들이었어. 하지만 큰아들이 일찍 죽는 바람에 세자로 책봉되었지. 사도세자는 세 살 때 벌써 한자책을 읽을 정도로 똑똑했지만 엄한 영조와 사이가 좋지 않았어. 아버지의 사랑을 받지 못하니 자꾸 잘못된 행동을 하게 되었지. 당연히 영조의 꾸지람이 잦았고, 그럴수록 사도세자는 더욱 위축되어 나중에는 정신병 증세까지 보였다고 해.

어느 날 궁궐의 제사를 마친 뒤에 영조는 사도세자에게 자살할 것을 명했어. 이전부터 여러 가지 일로 아들에게 화가 나 있었거든. 그중에는 세자가 역모를 꾸민다는 고발도 있었지. 신하들이 말리자 영조는 사도세자를 뒤주 속에 가둬 버렸어. 결국 사도세자는 며칠 후 뒤주 속에서 굶어 죽고 말았단다. 정조는 아버지의 이런 비극적인 죽음을 고스란히 지켜보았고, 훗날 할아버지 영조를 뒤이어 왕위에 올랐어. 보통 사람이라면 엇나가기 십상이었겠지만, 정조는 백성을 진정으로 위하는 훌륭한 왕이 되었단다.

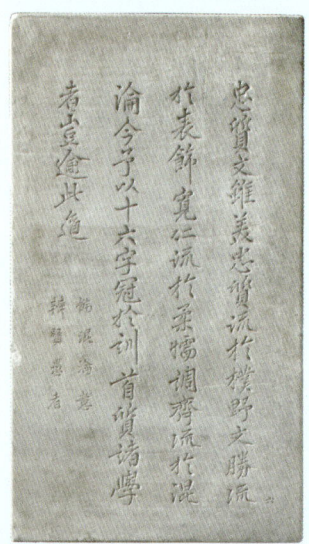

영조대왕 훈유 | 1744년 영조가 사도세자에게 교훈이 될 만한 글을 내린 것을 새긴 비석이야.

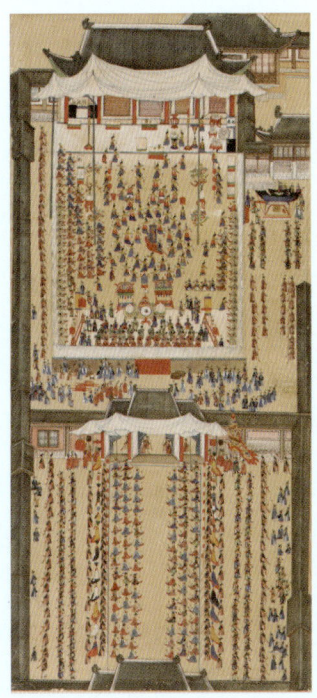 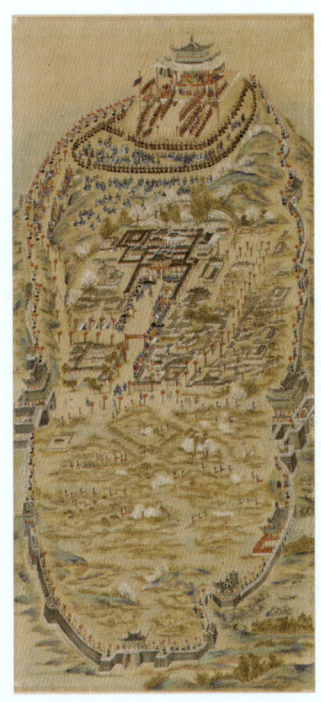 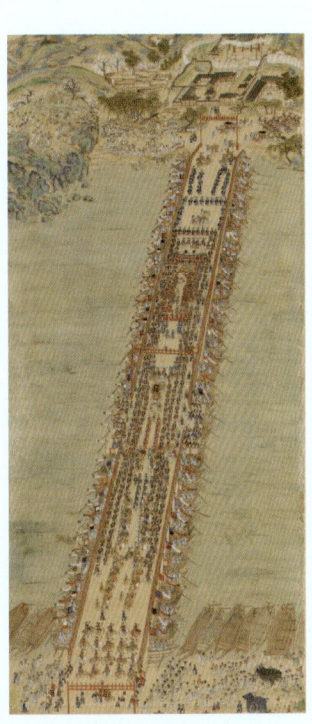

화성능행도병풍 | 1795년 정조가 어머니 혜경궁 홍씨의 회갑을 기념해 사도세자의 묘소인 화성 현륭원에 행차했을 때 치른 여러 행사를 그린 거야. 왼쪽부터 혜경궁 홍씨의 회갑 잔치를 묘사한 제3폭 〈봉수당진찬도〉, 야간 군사 훈련 장면이 그려진 제5폭 〈서장대야조도〉, 환궁길 한강 배다리를 그린 제8폭 〈한강주교환어도〉란다.

정조는 진짜 독살당한 것일까?

정조는 마흔여덟 살에 종기가 났는데, 이로 인해 스무 날도 안 되어 세상을 떠났어. 정조는 평소 군사 훈련을 직접 지휘할 만큼 체력이 좋아서, 이런 갑작스런 죽음은 정조가 독살을 당했다는 소문으로 이어졌지. 정조의 총애를 받던 정약용도 독살설을 글로 남겨 놓았을 정도였어.

많은 사람들은 아직도 정조를 반대하던 신하들이 의관을 시켜 독약을 쓴 게 아닐까 의심해. 실제로 정조가 죽자 왕과 사이가 좋지 않았던 정순황후와 일부 신하들이 정권을 잡았거든. 하지만 정조 독살설은 결정적인 증거가 없어. 정조에게 약을 쓴 의관이 처형당하긴 했지만, 당시 왕이 죽으면 의관이 처벌받는 것은 꽤 흔했단다.

공주 공산성

위치 : 충청남도 공주시 | 건축 시기 : 5세기 말~6세기 초

웅진으로 천도한 백제의 왕성

공산성은 금강 변에 자리한 공산을 빙 둘러서 쌓은 산성이야. 고구려의 공격을 받은 백제가 한성(서울)에서 웅진(공주)으로 수도를 옮기면서 완성되었지. 원래는 대부분 흙으로 쌓은 토성이었는데, 조선 시대에 석성으로 다시 쌓았대. 2015년에 다른 백제 역사 유적들과 함께 유네스코 세계 문화유산이 되었단다.

공산성 금서루

백제의 아픈 역사를 간직한 성

광복루

쌍수정

공산성은 공주를 대표하는 랜드마크야. 시내 중심에서 가까운 데다 야트막한 산을 품고 있어 어디서나 눈에 잘 띄거든. 옛날부터 유명한 역사 유적지인 데다가 산책하기 좋은 공원으로 조성되어 관광객과 공주 시민들 모두 즐겨 찾는 곳이지. 공산 등줄기를 따라 이어진 공산성 성벽은 사뭇 당당해 보이지만 곳곳에 백제의 아픈 역사가 서려 있어. 고구려 장수왕의 공격에 백제 개로왕이 전사하자 부랴부랴 수도를 옮긴 곳이 바로 공산성이었거든. 너무 급하게 옮긴 탓일까? 공산성이 언제 만들어졌는지 정확한 기록은 없단다. 다만 526년(성왕 4년)에 수리했다는 기록이 있으니, 그 전에 만들어진 건 확실해. 당시는 공주의 옛 이름을 따 웅진성으로 불렸대. 훗날 백제의 마지막 왕인 의자왕이 신라와 당나라 연합군에게 항복한 곳도 공산성이야. 백제의 몰락과 멸망이 결국 이곳에서 이루어진 셈이지.

금서루(공산성 서문)

임류각

영동루(공산성 동문)

진남루(공산성 남문)

한눈에 보는 공산성

① 금서루 ② 쌍수정
③ 쌍수정사적비 ④ 왕궁지(추정)
⑤ 진남루 ⑥ 임류각
⑦ 영동루 ⑧ 광복루
⑨ 영은사 ⑩ 만하루와 연지
⑪ 공북루 ⑫ 공산정(전망대)

영은사 전경

만하루와 연지

공북루(공산성 북문)

공산성 성곽길 따라
천년 역사 산책

금서루 앞에 줄지어 선 비석군

공산성 성곽길

이렇게 오랜 역사를 간직한 공산성은 역사 산책 코스로 딱이야. 성벽을 따라 산책로가 잘되어 있고 볼거리도 풍부하거든. 가장 먼저 눈에 들어오는 건 입구 매표소 바로 옆에 줄지어 선 비석들이야. 이건 공주 시내 곳곳에 있던 것들을 모은 것인데, 대부분 관리들의 업적을 기리는 공덕비야. 비석들을 따라 오르면 공산성 서쪽 문인 금서루가 나와. 여기서 성벽길을 따라 북쪽으로 가면 멋진 금강 풍경을 볼 수 있는 공북루가 있고, 남쪽으로 가면 인조가 피란 온 걸 기념해 지었다는 쌍수정이 있지. 쌍수정 앞은 백제의 왕궁이 있던 자리로 추정돼. 여기에 여러 건물터와 연못이 있고, 청동거울과 연꽃무늬 기와 같은 유물들도 쏟아져 나왔거든. 공산성 동쪽에는 백제 때 지은 토성이 남아 있어. 근처에 조선 때 문을 연 사찰 영은사, 비밀 통로인 암문과 군대 주둔지, 아름다운 누각들도 있지. 특히 봄이면 철쭉이 흐드러지게 피어서 더욱 아름답단다.

금강에서 바라본 공산성

반란의 소용돌이를 고스란히 지켜본 공산성

백제는 멸망했지만 공산성의 역사는 계속되었어. 산과 강이 천혜의 요새를 이룬 공산성은 군사적으로 중요한 곳이었으니까. 통일신라 때 왕족이었던 김헌창은 유력한 왕위 계승자였던 아버지 김주원이 왕이 되지 못하자 불만을 품고 반란을 일으켰는데, 그곳이 바로 공산성이었어. 이때 김헌창은 신라 대신 '장안'이라는 새 나라를 선포하고 신라 땅을 절반 가까이 차지했어. 하지만 그것도 잠시, 김헌창의 부대는 신라군에게 연이어 패했고 김헌창은 공산성에서 스스로 목숨을 끊고 말았지.

공산성이 다시 한번 역사책에 이름을 올린 건 수백 년이 지난 조선 인조 때였어. 지방을 지키던 신하 이괄이 반란을 일으키자, 인조가 한양을 버리고 공산성으로 피란을 왔거든. 평안도 영변에서 반란을 일으킨 이괄은 불과 스무 날만에 한양을 차지했지. 조선 시대 지방 반란군이 수도를 점령한 건 이때가 처음이자 마지막이었어. 하지만 얼마 지나지 않아 이괄은 관군에게 목이 잘렸고, 인조는 한양을 떠난 지 열흘 만에 다시 돌아갈 수 있었단다.

쌍수정사적비 | 인조가 이괄의 난을 피해 공산성에 머물렀던 일이 새겨져 있어.

무령왕릉 외부

무령왕릉 내부

자랑스런 우리 유산, 백제역사유적지구

공주 무령왕릉과 왕릉원, 공산성은 다른 백제 관련 유적들과 함께 유네스코 세계 문화유산으로 지정되었어. 부여의 부소산성, 정림사지, 능산리 고분군, 부여 나성, 익산의 왕궁리 유적과 미륵사지 등도 포함되었지. 유네스코는 '백제의 세련된 문화를 엿볼 수 있고, 이 문화가 일본과 동아시아에 전파된 것을 확인'했기 때문이라고 선정 이유를 밝혔단다.

능산리 고분군에서 나온 백제 금동대향로

공주의 또 다른 역사 랜드마크 무령왕릉

백제의 수도였던 공주에는 공산성 말고도 관련 유적들이 많이 있어. 공산성에서 차로 2분 거리인 공주 무령왕릉과 왕릉원도 백제 유적이지. 그중 무령왕릉은 백제 제25대 왕인 무령왕과 왕비의 무덤으로, 삼국 시대 왕릉 중에서 유일하게 주인이 밝혀졌단다. 무덤 주인의 이름과 약력을 기록한 묘지석이 같이 나왔거든.

무령왕릉은 다른 왕릉의 배수로 공사를 하다가 우연히 발견했어. 그만큼 찾기 어려웠던 거야. 덕분에 백제 왕릉 중 유일하게 도굴되지 않았고 왕관 꾸미개와 금귀걸이, 무덤을 지키는 진묘수 등 국보만 열일곱 점이 나왔어. 함께 나온 유물은 수천 점이나 되었지. 이 유물들은 무령왕릉에서 도보로 10분 거리인 국립공주박물관에 가면 볼 수 있어.

무령왕릉에서 출토된 유물들

진묘수(무덤을 지키는 상상의 동물)

청동거울

왕비의 나무 베개

금제 관식(금으로 만든 왕관 장식)

무령왕과 왕비의 무덤임을 알려 주는 묘지석

무령왕의 발받침

한 걸음 더, 역사 이야기

한성에서 웅진으로, 다시 사비로

475년, 고구려 장수왕은 3만 대군을 이끌고 백제의 수도 한성을 공격했어. 수도를 남쪽 평양성으로 옮긴 장수왕은 호시탐탐 백제를 노리고 있었거든. 이건 백제군에게 목숨을 잃은 증조할아버지 고국원왕의 원수를 갚는 일이기도 했지. 고구려군이 쳐들어오자 백제 개로왕은 즉시 아들 문주를 신라로 보내 도움을 청했어. 고구려의 남하에 불안을 느낀 신라는 급히 1만 명의 구원병을 보냈지만, 그 전에 한성이 무너지고 개로왕도 전사하고 말았단다.

아버지의 뒤를 이은 문주왕은 수도를 웅진(공주)으로 옮겼어. 언제 또 고구려군이 쳐들어올지 몰랐거든. 하지만 웅진에서 문주왕이 암살을 당하고 반란이 끊이지 않는 등 백제의 상황은 여전히 불안했어. 이 혼란을 수습한 사람이 바로 무령왕이야. 이후 무령왕의 아들 성왕은 수도를 다시 사비(부여)로 옮겼어. 웅진은 좁고 물난리가 잦았거든. 백제는 사비에 가서야 비로소 고구려에 빼앗긴 땅을 되찾는 등 제2의 전성기를 맞았단다.

충주 고구려비 | 우리나라에 남아 있는 유일한 고구려비야. 고구려가 한반도 중부를 장악해 영토가 충주까지 확장된 것을 알 수 있어.

부여 정림사지 오층석탑 | 정림사는 부여가 백제의 수도였던 시기(538~660년)의 중심 사찰이야. 여기에 있는 정림사지 오층석탑은 백제 문화의 높은 수준을 보여 준단다.

두 번이나 피란을 떠나야 했던 인조

조선 제16대 왕 인조는 누구보다 파란만장한 삶을 살았어. 우선 왕이 되는 과정부터가 그랬지. 인조는 광해군을 몰아내고 왕이 되었어(인조반정). 광해군이 동생을 죽이고 어머니를 가뒀으며, 임진왜란 때 도와준 명나라에 대한 의리를 지키지 않았다는 걸 명분으로 삼았지. 이때 신하 이괄이 큰 공을 세웠는데, 1등 공신이 아닌 2등 공신이 되었어. 내려진 벼슬도 중앙의 좋은 자리가 아니라 지방 관리직이었고. 이에 이괄이 불만을 품고 반란을 일으켰다고 해.

하지만 다른 주장도 있어. 사실 이괄은 반란을 일으킬 생각이 없었는데, 역적죄로 몰리자 반란을 일으켰다는 거지. 조선 시대에는 역적죄로 조사를 받으면 고문을 피할 수 없었고, 보통은 자백을 하게 되었거든. 아무튼 이괄의 반란으로 인조는 피란을 떠나야 했고 나라는 큰 혼란을 겪었어. 그런 탓에 국방을 소홀히 할 수밖에 없었지. 이 틈을 타 청나라가 조선에 쳐들어왔고(병자호란) 인조는 다시 한번 한양을 떠나 남한산성으로 피란을 갔단다. 그러다 결국에는 삼전도에서 청나라 황제에게 머리를 조아리는 굴욕적인 항복을 했어.

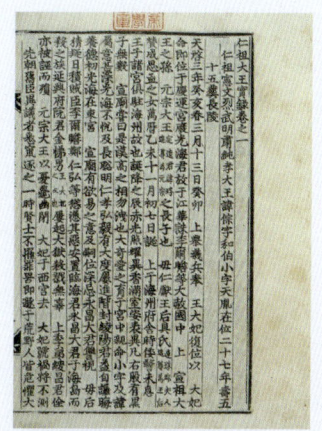

《인조실록》 본문 | 인조가 재위한 기간 동안 벌어진 사건과 사실을 기록한 역사서야.

충주 중앙탑

위치 : 충청북도 충주시 중앙탑면 탑평리 | 건축 시기 : 8세기경

통일신라 시대 국토 정중앙의 탑

정식 명칭은 '충주 탑평리 칠층석탑'이야. 하지만 '중앙탑'으로 훨씬 더 유명해. 통일신라 시대 당시 국토의 정중앙에 세워졌다고 해서 생긴 별명이지. 이 정도면 통일신라를 대표하는 랜드마크로 손색이 없지? 굽이치는 남한강과 널찍한 잔디밭, 아늑한 숲이 어우러진 중앙탑 일대는 중앙탑사적공원으로 꾸며져서 산책하기도 좋단다.

충주 중앙탑

통일신라 시대 국토의 중앙, 중원에 세워진 탑

충주는 통일신라 시대 국토의 중앙이라 '중원'으로 불렸어. 이곳에 중앙탑이 세워진 건 어찌 보면 당연한 일이야. 하지만 아쉽게도 누가, 언제, 왜 이곳에 탑을 세웠는지는 정확한 기록이 남아 있지 않아. 다만 흥미로운 전설이 하나 전해지지.

경주 신라 원성왕릉과 주변 석상

신라 제38대 원성왕은 어느 날 문득 궁금증이 생겼대. '우리 신라의 국토 정중앙은 어디쯤일까?' 하고 말이야. 그래서 신라 땅 남쪽 끝과 북쪽 끝에서 한날한시에 똑같은 보폭을 지닌 두 사람을 출발시켰단다. 그 둘이 만난 곳이 바로 중원 땅 남한강 언덕이었어. 답을 얻은 원성왕은 이곳에 탑을 세워서 국토의 정중앙이라는 것을 표시했대.

언덕 위에 우뚝 솟아오른 중앙탑은 높이 14.5미터로 통일신라 시대 탑 중에서 가장 큰 키를 자랑해. 남한강을 배경으로 위풍당당하게 서 있는 모습이 국토의 정중앙을 알려 주는 탑으로 손색이 없어.

웅장한 규모를 자랑하는 위풍당당 중앙탑

일제 강점기 시대의 중앙탑

그런데 가만, 중앙탑의 원래 이름이 '충주 탑평리 칠층석탑'이라고 했잖아? 그런데 아래에서부터 한 층씩 세어 보면 칠층이 아니라 구층이야. 그렇다면 구층석탑이라 불러야 하는 것 아닐까? 이건 그렇지가 않아. 옛날 탑들은 먼저 기단을 쌓은 뒤에 탑을 한 층씩 올렸거든. 게다가 통일신라 때는 기단을 이중으로 쌓는 탑이 많았어. 중앙탑도 마찬가지로 아래 두 층은 기단이고, 나머지 일곱 층이 탑신(탑의 몸통)이란다. 꼭대기에는 상륜부가 따로 있고 말이야.

언덕 위로 올라가 가까이에서 보는 중앙탑은 아래에서 볼 때보다 훨씬 높아. 푸른 하늘을 배경으로 탑과 언덕, 강물이 어우러진 풍경은 한 폭의 그림처럼 아름다워. 탑 앞쪽에는 연꽃을 새긴 돌판이 있고, 주변 땅에서 기와가 발견된 걸 보면 이 일대가 절이었던 것 같아. 연꽃은 부처님을 상징하는 꽃이거든. 하지만 정확한 사찰 이름은 알 수 없단다.

중앙탑사적공원의 야경

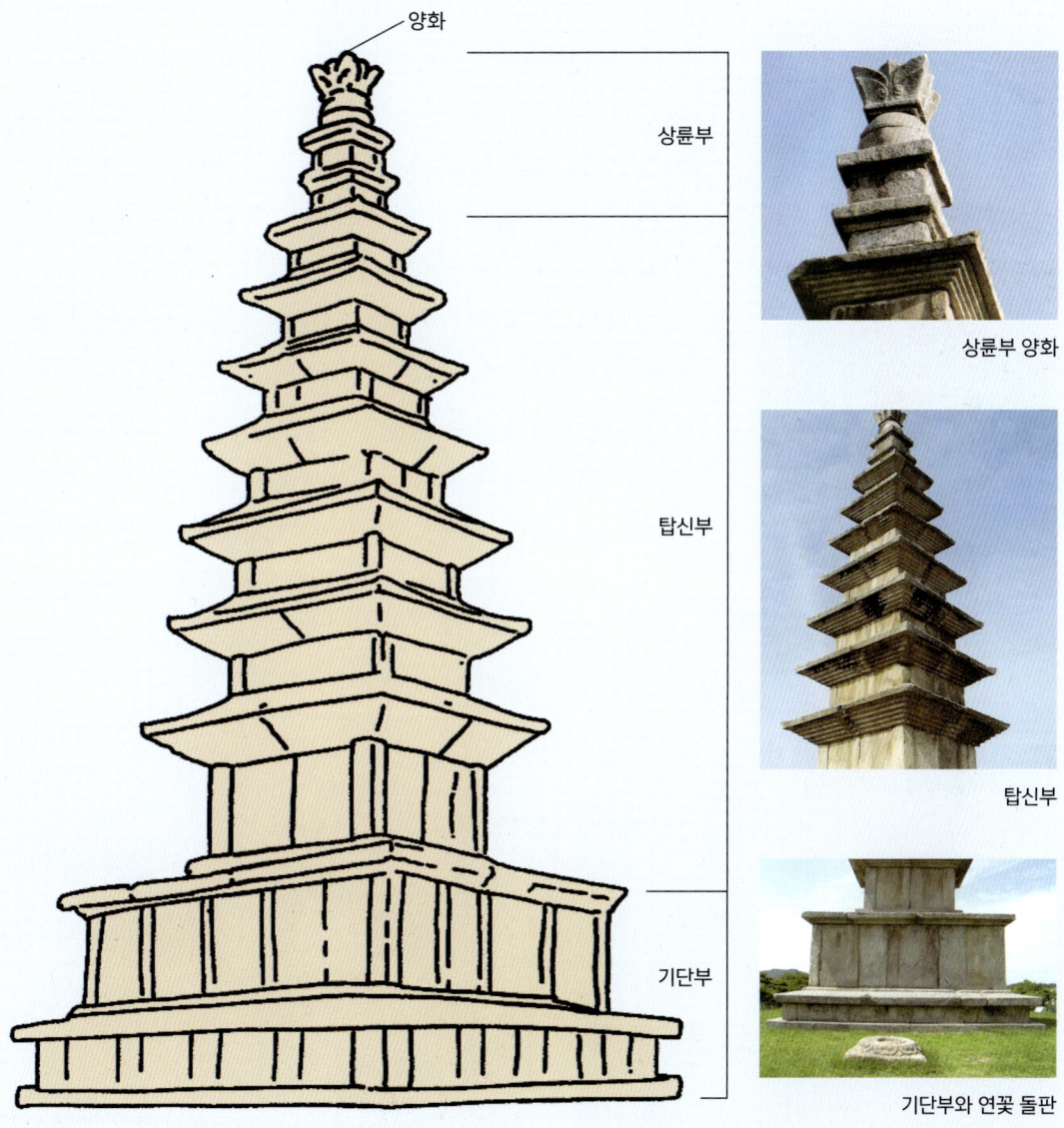

상륜부 양화

탑신부

기단부와 연꽃 돌판

충주박물관 둘러보고 조각 공원 산책

충주박물관 외부

충주박물관 내부

중앙탑과 충주의 역사에 대해 더 알고 싶다면 중앙탑사적공원 안에 있는 충주박물관을 보는 것이 좋아. 충주 지역의 불교 미술과 충주의 역사를 한눈에 살펴볼 수 있거든. 공원 안에는 충청북도 최초의 야외 조각공원인 충주호 조각공원도 있어. '문화재와 호반 예술의 만남'이라는 주제로 널찍한 잔디밭에 국내 유명 조각가들의 작품을 전시 중이란다. 〈풀밭에 누워〉, 〈바다의 하늘〉, 〈사과 2개〉처럼 자연을 표현한 작품들도 있고 〈중원의 꿈〉처럼 역사를 담은 작품도 있어.

충주호 조각공원 옆으로 흐르는 남한강은 가까운 댐에 막혀 거대한 호수를 이루고 있어. 이 호수의 이름은 탄금호야. 남한강과 달천강이 만나는 곳에 우뚝 솟아오른 탄금대에서 따온 명칭이란다.

탄금호 무지개길

충주호 조각공원 전경

자연과 역사가 어우러진 아름다운 탄금대

탄금대는 '가야금을 타던 곳'이란 뜻이야. 아름다운 남한강 풍경이 한눈에 펼쳐지는 탄금대에서 신라의 뛰어난 음악가였던 우륵이 가야금을 연주했다고 전해져. 우륵은 원래 가야 사람이었는데, 가야 국왕의 명령을 받고 열두 곡의 가야금 연주곡을 지었대. 그런데 나라가 어지러워지자 가야금을 들고 신라에 투항했다는구나. 이때는 신라가 삼국을 통일하기 한참 전이었어. 당시 신라의 진흥왕은 우륵의 연주를 듣고 아주 기뻐했대. 그만큼 우륵의 연주 솜씨가 뛰어났던 거지. 진흥왕은 우륵을 충주에 살게 했고, 그래서 우륵이 탄금대에 올라 가야금을 연주한 거야.

현재 탄금대는 탄금대공원으로 조성되어 있어. 우륵의 일화가 새겨진 우륵선생추모비와 탄금비도 세워져 있지. 여기서 바라보는 남한강 풍경은 '한강8경' 중 하나로 꼽힐 만큼 매우 아름다워. 역사와 자연이 어우러진 멋진 곳이란다.

탄금대 전경

탄금비

우륵이 가야금을 만든 게 아니라고?

우륵이 가야금을 만들었다는 이야기는 우륵 위인전에 빠지지 않고 등장해. 하지만 가야금은 우륵이 아니라 가야의 가실왕이 만들었어. 가실왕이 궁중 악사들에게 중국 당나라 악기인 '쟁'을 본떠 가야금을 만들게 했지. 우륵에게는 가야금 연주곡을 만들게 했단다.
참고로 가야금과 함께 우리나라 현악기를 대표하는 거문고는 고구려의 왕산악이 만들었어. 이 둘은 비슷하게 생겼지만, 가야금은 12줄이고 거문고는 6줄이야.

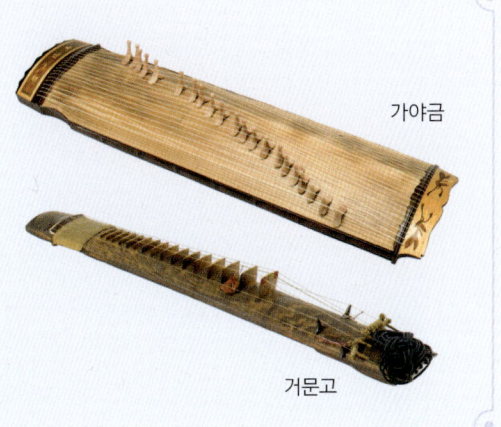
가야금
거문고

한 걸음 더, 역사 이야기

신기한 피리 '만파식적'을 가졌던 원성왕

만파식적은 신라의 전설에 등장하는 피리야. 불기만 하면 세상의 어지러움이 사라지고 태평성대가 된다는 신기한 악기지. 신라 신문왕이 용에게서 받았다는 보물인데, 한동안 사라졌다가 원성왕이 아버지로부터 받았다고 해. 정말 그랬냐고? 아마 이건 원성왕이 스스로 지어낸 이야기일 가능성이 커.

경주 이견대 | 신라 제31대 신문왕이 이곳에서 용에게 만파식적을 받았다고 전해져.

원성왕은 왕자가 아니었지만 아들이 없던 선덕왕의 뒤를 이어 왕위에 올랐어. 이때 왕위를 놓고 경쟁했던 사람이 바로 김주원이야. 공산성에서 반란을 일으켰던 김헌창의 아버지 김주원 말이야. 아무튼 원성왕은 왕의 정통성을 얻기 위해 이런 신화 같은 이야기가 필요했을 거야.

원성왕은 신라 하대를 연 왕으로 평가받아. 역사학자들은 신라의 천년 역사를 보통 상대, 중대, 하대 세 시기로 구분하는데 원성왕을 하대의 시작으로 본단다. 상대는 신라의 시조 박혁거세부터 진덕여왕까지 성골 귀족이 왕위를 이었고, 중대의 시작인 무열왕부터는 진골 귀족이, 원성왕부터는 진골 귀족 중에서 원성왕의 후손들이 왕위를 잇기 때문이야.

〈일전해위도〉 | 신립 장군의 오랑캐 소탕 장면을 그린 그림이야.

조선 최고 명장 신립 장군의 최후

탄금대에는 우륵 말고 또 다른 역사 인물의 이야기가 깃들어 있어. 조선 최고의 명장으로 손꼽혔던 신립 장군이야. 임진왜란이 일어났을 때, 모두가 신립 장군이야말로 조선을 구할 인물이라고 생각했어. 오랫동안 북방 오랑캐와의 전투에서 많은 공을 세웠거든. 이 무렵 이순신 장군도 북방 오랑캐와 싸우며 공을 세웠지만, 신립 장군과는 비교가 안 되었지. 당시 조선의 왕이었던 선조는 신립 장군에게 대군을 내주며 왜군을 막도록 했단다. 신립 장군은 군대를 이끌고 충주 탄금대에서 왜군과 맞붙었어. 남한강을 등지고 깎아지른 듯한 절벽 위에서 정말 용감하게 싸웠대. 탄금대에는 '열두대'라는 절벽이 있는데, 이건 신립 장군이 열두 번이나 오르내리면서 싸움을 지휘해 붙은 이름이래. 하지만 조선군은 일본군에게 패했고, 신립 장군은 목숨을 잃고 말았단다. 탄금대에 있는 '충정공 신립 장군과 팔천 고혼 위령탑'은 이때 전사한 사람들을 기리는 탑이야.

신립 장군 순절 기념비 (충북 충주 칠금동 소재)

강릉 오죽헌

위치 : 강원특별자치도 강릉시 | 건축 시기 : 15세기

신사임당이 율곡 이이를 낳은 곳

신사임당은 모두 알지? 오만 원짜리 지폐에 초상화가 그려진 분 말이야. 신사임당은 뛰어난 화가였을 뿐 아니라, 조선을 대표하는 대학자 율곡 이이의 어머니이기도 해. 신사임당이 율곡을 낳은 집이 바로 오죽헌이란다. 15세기에 지어진 오죽헌은 우리나라에서 가장 오래된 집 중 하나로 꼽혀.

세계 최초 모자 화폐 인물이 모두 태어난 곳

오죽헌 앞에는 '세계 최초 모자 화폐 인물 탄생지'라는 간판이 있어. 신사임당은 오만 원권, 아들 율곡 이이는 오천 원권 지폐에 초상화가 그려져 있거든. 참, 이이는 본명이고 율곡은 호야. 호는 좋은 의미를 담아 별명처럼 편하게 부르는 이름이지. 그런데 사임당도 호란다. 아쉽게도 신사임당의 본명은 전해지지 않아. 옛날에는 여성들의 이름을 대부분 기록하지 않은 탓이지. 그나마 호라도 여성이 역사에 이름을 남기는 일은 드물었어. 그러니까 신사임당은 아주 특별한 경우란다. 자신이 화가로 유명하기도 했고, 아들이 과거 시험에서 장원 급제를 아홉 번이나 한 천재이자 대학자였기 때문이지. 그 덕에 오죽헌도 명소가 된 거야.

오죽헌·시립박물관 전경

율곡이 외갓집에서 태어난 까닭

그런데 오죽헌은 율곡 이이의 외갓집이었어. 신사임당도 이곳 오죽헌에서 태어났지. 율곡의 아버지이자 신사임당의 남편이었던 이원수의 집은 서울이었는데 말이야. 아니, 조선 시대에 혼인한 여자는 시댁에서 살아야 했고 친정에는 몇 년에 한 번 가기도 힘들었던 것 아니었나? 그래서 딸을 시집보낼 때 "너는 죽어도 시댁 귀신이 되어야 한다."고 말했다잖아? 여자의 결혼을 의미하는 '시집가다'도 원래 시집으로 들어간다는 뜻이었어.

하지만 신사임당이 결혼했던 1500년대 초만 해도 남편이 아내의 친정에서 사는 처가살이가 더 흔했어. 신사임당보다 뒤에 태어난 이순신 장군도 처가살이를 했다니까. 사실 처가살이는 일찍이 삼국 시대부터 고려, 조선까지 이어진 결혼 제도였어. 재산도 아들과 딸, 친손주와 외손주 가릴 것 없이 공평하게 나누었지. 오죽헌만 해도 신사임당의 어머니가 물려받은 집이었단다.

재산을 공평히 나눈 율곡의 형제들

신사임당은 4남 3녀를 두었는데 율곡은 그중 셋째 아들이었어. 이들 7남매는 부모님이 돌아가시자 유산을 사이좋게 나누고 그 내용을 문서로 기록했단다. 아들딸에게 똑같이 재산을 나눠 주는 건 고려 때부터 이어져 온 일이었어. 제사도 자녀들이 돌아가면서 지냈지. 모든 것이 맏아들 중심으로 바뀐 건 조선 후기부터야.

율곡이 태어난 몽룡실
정조가 지은 어제각

율곡매 | 천연기념물 제484호. 수령이 600년이 넘은 매화나무로 신사임당과 율곡이 직접 가꾸었다고 해.

오죽헌은 율곡의 외갓집 중에서 별채 건물을 가리켜. 조선시대 부잣집은 안방마님이 머무는 안채, 바깥양반이 쓰는 바깥채(사랑채), 자녀들이 주로 생활하던 별채로 나뉘어 있었지. 여기에 하인들이 사는 행랑채와 조상님들께 제사를 지내는 사당도 있었단다. 오죽헌은 주변에 검은 대나무(오죽)가 많아서 붙여진 이름이야. 일자형 기와집인데 큼지막한 대청마루에 방 하나가 딸려 있지. 이 방에서 신사임당이 용이 나오는 태몽을 꾸고 율곡을 낳았어. 그래서 이 방을 '몽룡실'이라고 불러.

오죽헌 옆쪽 건물은 율곡을 모신 사당인 문성사야. 뒤쪽에는 여러 건물들로 이루어진 안채가 있지. 안채를 지나면 율곡이 쓴 책과 쓰던 벼루가 보관된 어제각이 나와. 벼루 뒷면과 책 머리에는 정조가 직접 율곡을 기리며 쓴 글이 있단다. 그래서 '어명(임금님의 명령)으로 지었다'는 뜻의 어제각이 된 거야. 강릉시립박물관과 강릉화폐전시관도 오죽헌 경내에 있으니 함께 둘러보는 것이 좋아.

오죽헌 입구 전경

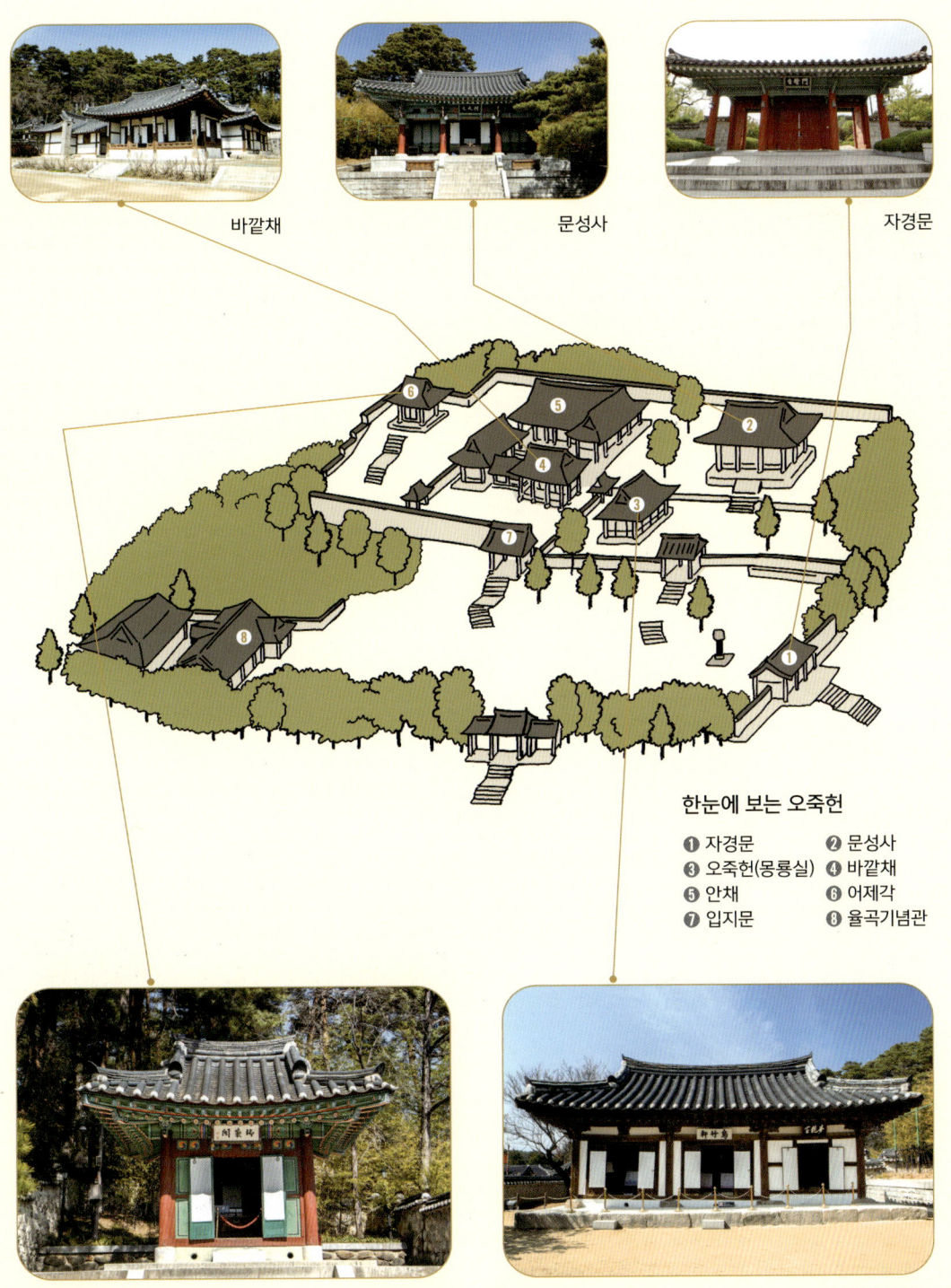

바깥채

문성사

자경문

한눈에 보는 오죽헌

① 자경문　② 문성사
③ 오죽헌(몽룡실)　④ 바깥채
⑤ 안채　⑥ 어제각
⑦ 입지문　⑧ 율곡기념관

어제각

오죽헌과 몽룡실

91

또 하나의 강릉 옛집, 조선 한옥을 대표하는 선교장

선교장 중문

오죽헌에서 약 1킬로미터쯤 떨어진 곳에는 또 다른 옛집이 있어. 이 집의 이름은 선교장인데, 오죽헌과 함께 조선 시대 한옥의 아름다움을 보여 주는 대표적인 건물이야. 오죽헌이 별채를 빼고는 거의 새로 지은 건물인 데 반해, 선교장은 건물 대부분이 옛 모습 그대로여서 더욱 볼 만하지. '선교'란 '배다리'라는 뜻이야. 원래 이 집 앞까지 경포 호수가 들어와서 이런 이름이 붙었단다.

오죽헌보다 약 200년 뒤에 지어진 선교장은 다양한 건물이 어우러진 전통 한옥의 구조를 살펴볼 수 있어. 화려한 팔작지붕을 이고 있는 안채 양옆으로는 아담한 별당 건물이 이어져 있지. 선교장을 대표하는 사랑채 열화당은 서양식 차양이 눈길을 끌어. 이건 옛날 우리나라에 있던 러시아공사관에서 선물로 지어 준 거래. 이밖에 전통 정원과 연못, 정자도 아주 아름다워.

선교장 전경

손님들과 함께 풍류를 즐기던 활래정

선교장 주인 남자가 거처한 열화당(사랑채)

집안 잔치나 손님맞이에 사용된 동별당

한 걸음 더, 역사 이야기

신사임당은 진짜 현모양처였을까?

조선 숙종 때 성리학자 송시열
(1607~1689)

'현모양처'란 '어진 어머니이자 착한 아내'를 뜻해. 율곡을 키워 낸 신사임당은 우리나라를 대표하는 현모양처로 손꼽혀 왔단다. 하지만 신사임당이 처음부터 현모양처로 알려진 건 아니야. 그보다는 뛰어난 그림 실력을 지닌 화가로 유명했지.

신사임당을 훌륭한 어머니로 칭찬하는 글은 죽은 지 약 100년이 흐른 뒤 처음 등장했어. 당시 많은 선비들의 존경을 받던 유학자 송시열이 신사임당의 그림을 평가하면서 "이런 훌륭한 그림을 그리다니 위대한 율곡 선생을 낳은 것이 당연하다."고 말한 것이 시작이었지. 아니, 그림을 잘 그리는 것과 위대한 아들을 낳은 것이 무슨 상관이지? 여기에는 이유가 있어. 율곡을 대학자로 존경했던 송시열이 율곡을 높이기 위해 신사임당을 훌륭한 어머니로 치켜세운 것이지. 이로써 율곡의 후계자를 자처하던 송시열 자신도 높이고 싶었던 거야. 그러자 송시열을 따르는 선비들이 앞다퉈 신사임당을 현모양처로 칭찬하기 시작했어. 이렇게 해서 신사임당은 현모양처의 아이콘이 된 거란다.

〈신사임당 초충도〉 | 신사임당이 그린 8폭의 병풍 그림 중 일부로, 각 폭마다 각기 다른 풀과 벌레를 그려 놓아 '초충도'라고 불러.

왜 역사에 이름을 남긴 여성이 적을까?

〈한국을 빛낸 100명의 위인들〉 노래는 알지? 그럼 거기에 여성이 몇 명이나 등장하는지도 아니? 백제가 멸망할 때 낙화암에서 뛰어내렸다는 삼천궁녀를 빼면 딱 다섯 명이야. 신사임당, 논개, 황진이, 유관순, 심순애. 이중 심순애는 소설 속 주인공이니 실제 역사 인물은 단 네 명뿐이지. 아마 학교 수업 시간에 배운 역사 인물도 남성이 여성에 비해 훨씬 많을 거야.

여기에는 두 가지 이유가 있어. 우선 옛날에는 남녀 차별이 심해서 여성들이 뛰어난 업적을 남길 기회가 매우 적었어. 고려와 조선 시대는 말할 것도 없고, 여왕이 있었던 삼국 시대에도 여성이 벼슬에 오르는 일은 거의 없었지. 게다가 여성이 뛰어난 일을 했어도 역사에 잘 기록하지 않았어. 드물게 기록한다 해도 깎아내리기 일쑤였지. 아니면 신사임당처럼 뛰어난 화가에서 훌륭한 어머니로 탈바꿈시키거나 말이야.

독립운동가 유관순

시조에 뛰어났던 기녀 황진이

도산서원

위치 : 경상북도 안동시 | 건축 시기 : 1574년

조선 유교의 본고장 안동의 대표 서원

조선은 유교의 나라였어. 중국에서 태어난 유교가 가장 크게 번성한 곳이 바로 조선이었지. 자연히 공자, 맹자만큼이나 훌륭한 유학자들도 많이 나왔어. 그중에서 퇴계 이황을 으뜸으로 손꼽아. 멀리 중국과 일본까지 영향을 미칠 정도였거든. 도산서원은 바로 퇴계 이황을 추모하기 위해 세운 곳이란다.

도산서원 전교당

조선의 대표 유학자
퇴계 이황을 모신 서원

고려 충렬왕 때의 성리학자 안향
(1243~1306)

소수서원 전경

서원은 훌륭한 유학자의 제사를 지내는 곳이야. 조선 최초의 서원은 고려 말에 성리학을 들여온 안향을 모신 백운동서원이란다. 이곳에 선비들이 모여 학문을 배우니, 서원은 제사에다 교육의 기능도 하게 되었지. 그러자 나라에서 서원에 이름도 내리고 땅도 주었어. 이렇게 조선에서 서원이 자리 잡는 데 큰 역할을 한 사람이 바로 퇴계 이황이야. 이황이 조정에 백운동서원 지원을 건의하자, 이를 받아들여 땅과 노비도 주고 '소수서원'이라는 새 이름도 내려 주었단다. 이후 서원은 조선을 대표하는 건물로 자리 잡았어. 지금까지 남아 있는 서원 중 아홉 곳이 유네스코 세계 문화유산으로 지정되었단다. 이 서원들은 전국 각지에 퍼져 있는데, 유일하게 안동에서만 두 개의 서원이 뽑혔지. 이황의 고향이기도 한 안동은 조선 시대 유학이 가장 발달한 곳이었고, 서원 또한 가장 많았어. 그중 이황을 모신 도산서원이 안동을 대표하는 서원이란다.

도산서원 전경

도산서당에서 도산서원으로

처음 이곳에 들어선 건 서원이 아니라 서당이었어. 서울에서 살던 이황이 고향에 내려와 도산서당을 세우고 제자들을 기르기 시작했지. 기숙사까지 갖춘 도산서당은 이황이 직접 설계했다고 해. 그만큼 정성을 기울여 학교를 만든 셈이지. 이렇게 교육에 힘쓰던 이황이 세상을 뜨자, 많은 선비들이 이황을 기리는 서원을 짓기로 뜻을 모았어. 나라에서도 '도산서원'이란 이름을 내리고 많은 재산도 주었지. 이때 도산서원 현판(건물의 이름을 쓴 나무판)도 같이 받았는데, 당시 최고의 명필가 한석봉이 쓴 거란다. 이 현판은 지금도 도산서원의 중심 건물인 전교당에 걸려 있어.

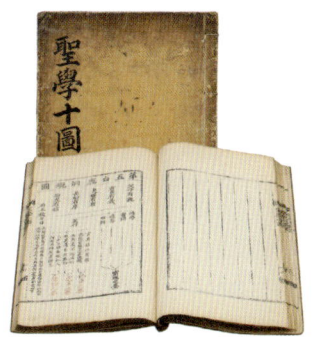

《성학십도》 | 열일곱 어린 나이에 왕이 된 제14대 임금 선조가 성군이 되기를 바라며 이황이 유학의 깊은 뜻을 집약해 설명한 책이야.

서당에서 기숙사까지 도산서원 둘러보기

한석봉이 쓴 도산서원 현판

서원 안으로 들어서면 제일 먼저 가장 오래된 건물인 도산 서당이 보여. 도산서원이 만들어지면서 도산서당도 자연스럽게 서원의 일부로 포함된 거야. 지금도 옛 모습 그대로 자리를 지키고 있어. 그 옆에는 학생들의 기숙사인 농운정사와 노비들이 살던 건물이 나와.

도산서당 뒤에 있는 서고, 광명실을 지나면 도산서원의 중심 건물인 전교당이 보여. 이곳은 학생들에게 강의를 하던 강당으로, 넓은 마루와 방으로 이루어져 있어. 전교당 뒤로는 이황의 위패를 모시고 제사를 지내는 사당 건물인 상덕사가 있지. 서원은 이렇게 크게 교육 시설과 제사 시설로 나뉘어지며, 전체적으로 매우 간결하고 검소하게 꾸며져 있단다.

〈도산서원도〉 | 조선 후기의 화가 강세황이 1757년에 도산서원의 실제 모습을 그린 거야.

전교당 내부

이황의 위패가 모셔진 사당, 상덕사

책의 판본을 보관하는 장판각

한눈에 보는 도산서원

① 농운정사　② 하고직사
③ 도산서당　④ 동광명실
⑤ 서광명실　⑥ 전교당
⑦ 장판각　　⑧ 상덕사
⑨ 상고직사　⑩ 옥진각

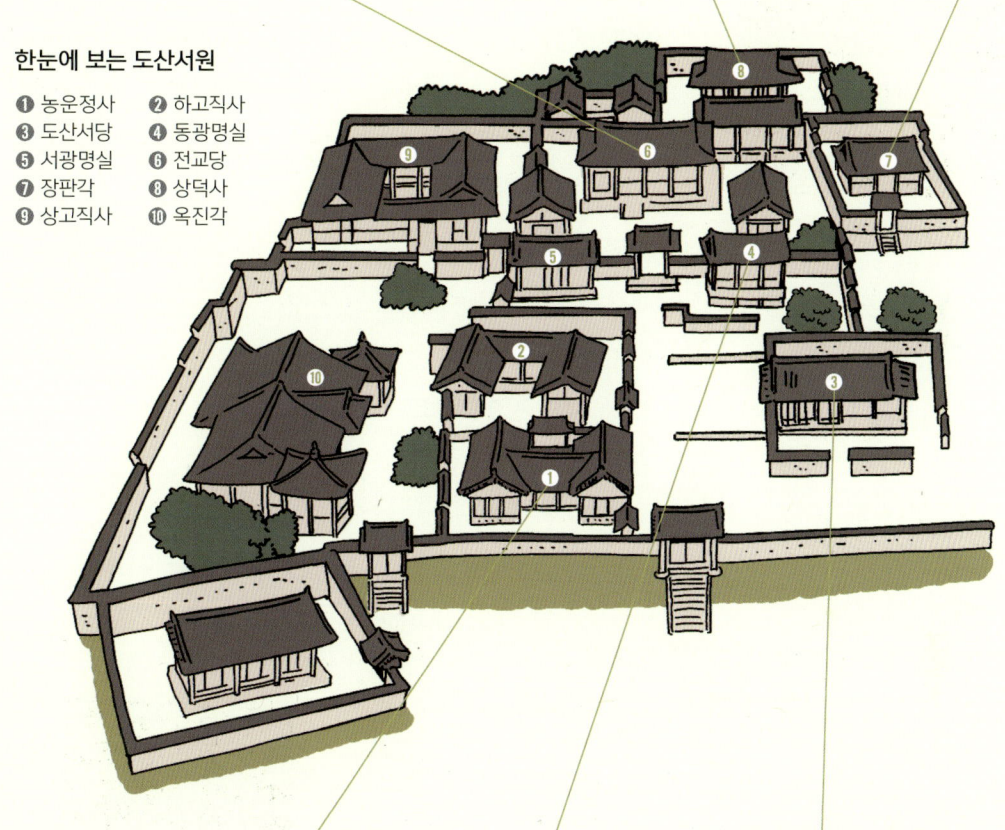

학생들의 기숙사, 농운정사

책을 보관하는 서고, 광명실

도산서당 외부

조선 유학의 발전을 이끈 이황과 기대승의 논쟁

성리학자 고봉 기대승의 《고봉문집》 목판

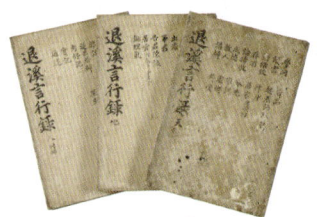

《퇴계선생언행록》 | 이황의 말과 행동에서 모범이 되는 내용을 편집해 펴낸 책이야.

이황은 후배 유학자인 기대승과 벌인 논쟁으로 유명해. 둘은 인간이 타고난 마음과 감정에 대한 논쟁을 무려 8년 동안이나 이어 갔단다. 이 과정에서 상대방의 의견을 비판하기도 하고, 받아들이기도 하면서 서로의 학문을 발전시켜 나갔지. 이 논쟁은 조선의 유학 발전에도 큰 도움이 되었어. 그런데 이황은 기대승보다 무려 스물여섯 살이나 많은 당대 최고의 유학자였고, 기대승은 이제 갓 과거에 합격한 신출내기 학자였지. 하지만 이황은 언제나 겸손한 자세로 기대승의 의견을 경청했고, 그의 주장이 옳다고 여기면 주저하지 않고 받아들였어. 이황은 학문뿐 아니라 겸손한 자세로도 조선 최고의 학자였던 거야.

이황의 묘비에 벼슬 이름이 없는 까닭

조선 시대 양반의 묘비에는 생전에 지낸 벼슬 이름을 적는 것이 일반적이었어. 그중에서도 가장 높이 오른 벼슬 이름을 가장 크게 적어 놓았지. 하지만 이황의 묘비에는 벼슬 이름이 없어. 지금의 외교부 장관에 해당하는 예조판서를 비롯해 많은 벼슬을 지냈는데도 말이지. 대신 그의 묘비에는 '퇴도만은진성이공지묘(退陶晚隱眞城李公之墓)'라고 쓰여 있단다. '퇴도'는 이황이 즐겨 쓰던 호이고, '만은'은 늦은 나이에 세상을 피해 숨어 살았다는 의미야. 이 묘비명은 이황이 살아 있을 때 직접 써 둔 거래. 이것만 봐도 이황이 자신의 명예를 뽐내지 않는 사람이었음을 알 수 있어.

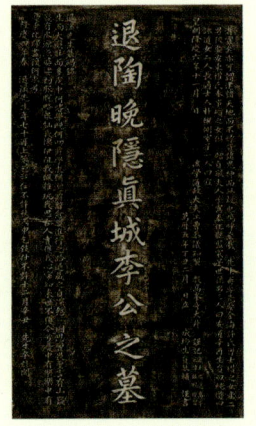

이황 묘비 탁본

유네스코 세계 문화유산 2관왕
병산서원

도산서원과 함께 안동에 있는 병산서원은 우리나라에서 가장 아름다운 서원으로 꼽혀. 휘어진 나무 기둥과 통나무를 깎아 만든 계단으로 유명한 만대루, 그림 같은 전망을 자랑하는 입교당, 여름이면 서원 곳곳을 붉은빛으로 물들이는 배롱나무까지 눈길이 닿는 곳마다 감탄사가 절로 나오거든. 그래서일까? 병산서원은 두 번이나 유네스코 세계 문화유산에 이름을 올렸어. 2010년에는 안동 하회마을과 함께 세계유산이 되었고, 2019년에는 다른 서원들과 함께 '한국의 서원'으로 다시 한번 세계유산에 등재되었어. 병산서원은 퇴계 이황의 제자이자 임진왜란 때 영의정을 지낸 유성룡을 기리기 위해 만들어졌단다.

병산서원 만대루

병산서원 입교당

병산서원 전경

한 걸음 더, 역사 이야기

조선 유학의 양대 산맥, 퇴계와 율곡

퇴계 이황과 율곡 이이는 조선 유학을 대표하는 인물들이야. 퇴계는 중국과 일본까지 이름을 떨친 대학자였고, 율곡은 그 어려운 과거 시험에서 아홉 번이나 장원 급제를 할 정도로 천재였어. 훗날 이 둘을 따르는 선비들이 조선 유학을 이끌어 갔고, 두 사람 모두 대한민국 지폐 인물이라는 점만 봐도 퇴계와 율곡이 우리 역사에서 얼마나 중요한 인물인지 알 수 있지.

이렇게 퇴계와 율곡은 비슷한 면이 많지만 다른 점도 많아. 퇴계는 유학의 근본 원리를 따지는 데 열심이었고, 율곡은 유학을 바탕으로 나라를 어떻게 다스릴 것인가를 주로 고민했거든. 퇴계는 임금이 여러 번 벼슬을 내려도 한사코 사양하고 고향에서 제자들을 키우는 데 힘을 쏟았지. 율곡은 여러 벼슬을 두루 거치면서 나라를 바로 세우는 데 최선을 다했고 말이야. 율곡은 시간이 날 때마다 임금에게 상소를 올려 나라를 잘 다스리도록 도왔고, 퇴계는 상소 대신 자신의 학문을 담은 글을 주로 남겼단다.

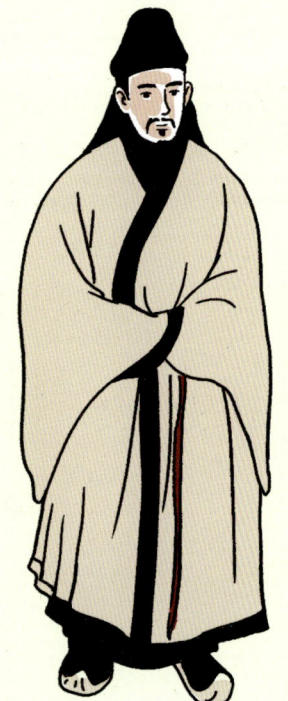
율곡 이이

퇴계 이황

흥선대원군이 서원을 없앤 까닭

고종의 아버지 흥선대원군은 어린 아들을 대신해 나라를 다스리면서 여러 개혁 정책을 펼쳤어. 경복궁을 다시 지어서 왕실의 위엄을 세우고, 몇몇 가문이 권력을 나눠 먹던 세도 정치를 없앤 것도 흥선대원군의 업적이지. 또한 전국적으로 수백 개에 달하던 서원을 딱 마흔일곱 곳만 남기고 몽땅 없애 버렸단다. 도산서원이 세워질 때만 해도 학문과 국가 발전에 도움을 주었던 서원이 나중에는 온갖 문제를 일으켰기 때문이야. 이들은 나라의 여러 지원을 받으면서 세금은 한 푼도 안 냈어. 또 훌륭한 학자들의 제사를 지낸다는 명목으로 백성들에게 돈도 뜯어냈지. 돈을 내지 못하는 사람은 붙잡아서 때리기까지 했다니까. 그러니 백성들이 서원을 미워할 수밖에. 또한 서원은 신하들이 편을 갈라 싸우는 당파 싸움을 더욱 부추기는 역할까지 하면서 정치에도 악영향을 끼쳤어. 이런 까닭에 개혁 정치를 펼쳤던 흥선대원군이 서원을 대부분 없애 버린 거란다.

흥선대원군 이하응(1820~1898)

유네스코 세계 문화유산으로 지정된 도동서원 수월루(왼쪽), 무성서원(오른쪽 위), 필암서원 확연루(오른쪽 아래)

경주 대릉원

위치 : 경상북도 경주시 | 건축 시기 : 4~6세기

경주 시내 한복판에 있는 천년 신라의 상징

경주 대릉원은 무려 백오십여 개의 옛 무덤들로 이루어진 유적이야. 대부분이 왕과 왕비, 귀족들의 무덤이지. 여기서 그 유명한 신라 금관을 비롯해 수많은 유물들이 쏟아져 나왔어. 신라의 흔적을 고스란히 간직한 거대한 무덤군인 대릉원이야말로 천년 역사 신라를 상징하는 경주의 랜드마크라고 할 수 있어.

경주 대릉원 전경

한눈에 들어오는 거대한 무덤들

천마총

미추왕릉

신라의 고도(옛 도읍) 경주는 곳곳에 옛날 무덤들이 무리를 이루고 있어. 이중 이웃해 있는 몇몇 무덤군(무리)을 합해 대릉원으로 정했지. 그래서 대릉원에 포함된 무덤이 백오십여 개나 되는 거야. 그런데 보통 대릉원이라고 하면 경주 시내 한복판에 있는 '황남리 고분군'을 가리켜. 여기에 천마총, 황남대총, 미추왕릉, 금관총 등 왕과 왕비의 무덤들이 즐비하지. 대릉원은 멀리서도 한눈에 들어온단다. 경주의 문화재와 유물들을 보호하기 위해 고층 빌딩을 세우지 못하게 했거든. 덕분에 대릉원은 요즘도 랜드마크 역할을 톡톡히 하고 있어. 빌딩이 없던 옛날에는 더욱 그랬을 거야.

시험 삼아 판 무덤에서 유물이 쏟아지다

대릉원에 가면 천마총은 꼭 둘러봐야 해. 대릉원 무덤들 중 유일하게 안으로 들어가서 유물들을 볼 수 있거든. 천마총은 하늘을 나는 천마 그림이 나와서 붙은 이름이야. 또 '총'은 규모나 유물로 봐서 왕릉이 분명한데, 확실한 증거가 없는 무덤을 부르는 이름이지. 천마총에서는 천마 그림뿐 아니라 금관, 금제 허리띠, 금제 관모(관리들이 쓰던 모자), 금목걸이 등이 한꺼번에 나왔어. 그런데 천마총을 처음 발굴할 때만 해도 이렇게 훌륭한 유물이 나올 줄 몰랐대. 천마총은 거대한 황남대총을 발굴하기 앞서 시험 삼아 파 본 작은 무덤이었거든. 당시 1973년에는 발굴 기술과 경험이 충분하지 않아서 먼저 작은 천마총부터 발굴한 거야. 그런데 시작부터 값진 유물들이 쏟아져 나왔고, 천마총은 대릉원을 대표하는 무덤 중 하나가 되었단다.

천마총 금관

천마총 금제 허리띠

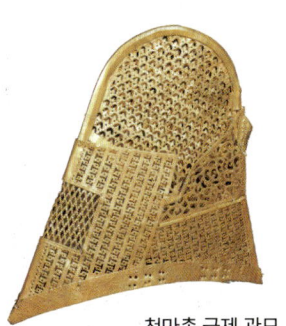

천마총 금제 관모

천마총 청동솥

〈천마총 장니〉 | 말의 안장 양쪽에 달아 늘어뜨리는 장니에 그려진 천마 그림이야.

신라 시대 가장 큰 무덤
황남대총

천마총에서 자신감을 얻은 발굴팀은 드디어 황남대총 발굴을 시작했어. 2년이 넘는 시간 동안 아주 조심스럽게 차근차근 발굴을 진행했단다. 여기에는 이유가 있어. 몇 년 전 무령왕릉을 발견했을 때 단 하루만에 발굴을 끝냈는데, 그런 탓에 조사가 제대로 이루어지지 않았어. 충분히 밝힐 수 있었던 역사의 비밀들이 그대로 묻혀 버린 거야. 유물들을 급하게 쓸어 담기까지 했다니 말 다한 거지. 이런 실수를 되풀이하지 않으려고 황남대총은 오랜 시간 신중하게 발굴했단다.

그랬더니 과연 신라 시대 가장 큰 무덤답게 수만 점에 달하는 엄청난 유물들이 쏟아져 나왔어. 금관, 각종 장신구와 무기, 비단옷을 입었던 무덤 주인의 흔적까지 나왔지. 그런데 여러 유물 중에서 특히 눈길을 끈 건 아름다운 유리 그릇들이었어. 처음엔 산산이 부서져 있어서 미처 몰랐는데, 꼼꼼히 복원해 보니 로마에서 만들어진 물건이었거든. 세상에, 1500여 년 전 신라 왕과 귀족들은 로마의 유리 그릇들을 사용했던 거야!

황남대총에서 출토된 유물들

황남대총 유리잔

황남대총 금제 관식 (새 날개 모양 금관 장식)

황남대총 금관

황남대총 금팔찌

황남대총 금제 고배 (굽다리 접시)

황남대총 금은제 뚜껑 달린 그릇

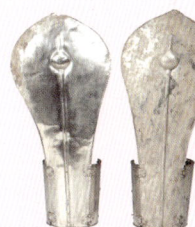
황남대총 은제 팔뚝가리개

황남대총 금목걸이

황남대총 은잔

대릉원의 무덤들이 도굴을 피한 까닭

대릉원에서 발견된 무덤들은 도굴되지 않은 것들이 많아. 덕분에 금관을 비롯한 수많은 유물들이 쏟아져 나왔지. 대릉원뿐 아니라 다른 신라 무덤들도 사정은 비슷해. 이에 반해서 고구려와 백제의 옛 무덤들은 도굴되지 않은 것이 오히려 드물 정도란다. 이건 신라의 옛 무덤이 다른 나라들과 달랐기 때문이야. 고구려나 백제 무덤들은 돌로 만든 방 안에 시신과 유물을 넣고 흙을 덮었는데, 신라 무덤은 커다란 나무 상자(나무덧널) 안에 시신과 유물을 넣은 후 사방을 돌로 덮었거든. 그런 다음 그 위에 다시 흙을 쌓았지. 또한 고구려와 백제 무덤은 돌방 안으로 통하는 입구가 따로 있었는데 신라 무덤은 없었어. 이러니 도굴을 하기가 무척 어려웠던 거야.

천마총 돌무지덧널무덤의 구조

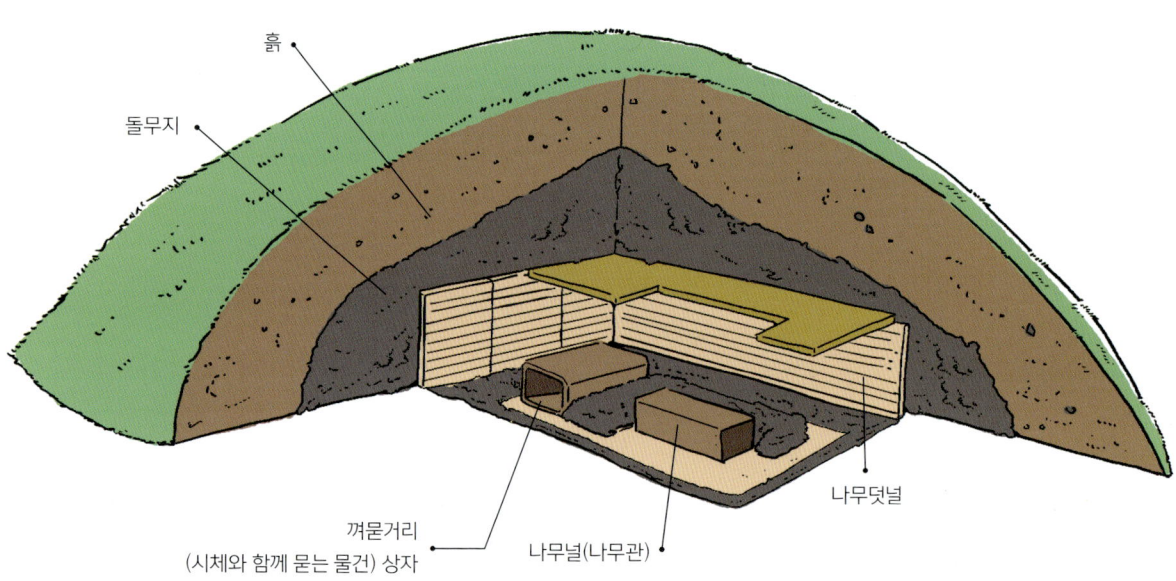

동궁과 월지의 야경

대릉원 옆 첨성대
야경이 아름다운 동궁과 월지

대릉원까지 왔다면 바로 이웃한 첨성대도 둘러보도록 해. 첨성대는 '별을 관측하는 높은 건물'이라는 뜻이야. 하지만 처음 첨성대를 보면 좀 실망할지 몰라. 요즘 천문대와 비교하면 너무 작거든. 하지만 첨성대는 아주 뛰어난 과학 기술을 담고 있어. 우선 우물 모양 지붕은 정확히 동서남북을 가리키고 있지. 첨성대에 사용된 돌은 모두 삼백육십여 개로 음력의 1년 날수와 같단다. 또한 가운데 창을 기준으로 아래위 12단씩 나뉜 건 열두 달과 24절기를 상징해. 밤이 되면 첨성대는 조명을 받아 더욱 멋지게 변신해. 이건 근처에 있는 '동궁과 월지'도 마찬가지야. 이곳은 신라 왕궁의 별궁터인데, 밤에 조명을 받은 궁궐이 연못에 비치는 모습은 정말 아름답단다.

첨성대

실크로드의 동쪽 끝은 신라의 경주!

'실크로드(비단길)'라고 들어 봤니? 옛날 중국에서 로마까지 연결되었던 길을 말해. 실크로드는 북쪽의 초원길과 중앙의 사막길, 남쪽의 바닷길로 나뉘어. 이 길들을 통해 중국의 비단이 로마로 갔고, 로마의 물건들이 중국으로 왔지. 중간에 있던 중앙아시아나 서아시아뿐 아니라 아프리카, 아라비아, 페르시아의 물건들도 실크로드를 통해 오갔단다. 이런 교역은 특히 당나라 때 활발했어. 덕분에 당나라의 수도 장안(지금의 중국 시안)은 서양의 물건들로 넘쳐 났대. 그래서 보통 학자들은 실크로드의 동쪽 끝은 장안이나 뤄양, 서쪽 끝은 로마였다고 생각해. 하지만 경주 황남대총에서 로마의 유리 그릇들이 발견되면서 실크로드의 동쪽 끝은 중국 장안이 아니라 신라 경주였다는 주장이 힘을 얻게 되었단다. 특히 중국의 남쪽 해안으로 이어지는 바닷길은 바다에서 멀리 떨어진 장안보다는 바닷가였던 경주로 이어지는 게 자연스럽거든.

실크로드를 따라 이동하는 《동방견문록》의 저자 마르코 폴로와 무역상들

유럽과 아시아의 동서 교역로
(2세기 무렵의 실크로드)

신라 공주와 결혼한 페르시아 왕자

페르시아는 이란의 옛 이름이야. 그런데 페르시아의 왕자가 머나먼 나라 신라의 공주와 결혼했다는 기록이 있어. 이건 《쿠쉬나메》라는 페르시아 문학의 대표적인 서사시에 나오는 내용이란다. 놀랍게도 《쿠쉬나메》 전체 분량 중 절반 이상이 신라에 관한 내용이라고 해.

때는 7세기 중반, 페르시아의 사산 왕조가 이슬람교를 믿는 아랍 민족에게 멸망한 직후였어. 페르시아 왕의 후손이었던 아비틴은 자신을 따르는 이란 사람들을 이끌고 중국을 거쳐 신라로 갔대. 중국에 갔을 때 '신라는 천국이나 다름없고, 안전한 나라'라는 이야기를 들었거든. 과연 신라는 그런 나라였어. 집집마다 먹을 것이 넘쳐 나고, 거리 곳곳이 황금으로 번쩍였지. 신라 왕은 아비틴을 극진하게 환대해 주었어. 그런데 이 소식을 들은 중국 황제는 몹시 화가 나서 신라를 공격해 왔어. 이에 아비틴은 신라와 이란 연합군을 이끌고 나가 큰 승리를 거두었단다. 그리고 이 일을 계기로 신라 공주와 결혼까지 하게 되었어. 물론 이건 역사적 사실이라기보다는 전설에 가까워. 하지만 이런 전설이 생겨날 정도로 페르시아와 신라가 매우 활발하게 교류했다고 짐작할 수 있단다.

대영도서관에 있는 《쿠쉬나메》 사본의 본문

경주 불국사

위치 : 경상북도 경주시 | **건축 시기** : 751년

부처님 나라를 상징하는 경주의 으뜸 사찰

신라 사람들은 누구나 부처님을 믿었어. 죽으면 부처님이 다스리는 극락세계에 가길 소망했지. 아니, 그보다 앞서 자신들이 사는 곳을 불국토(부처님의 땅)로 만들려고 했어. 그래서 특히 수도인 경주에 수많은 절이 지어졌고, 불상도 많이 만들었던 거야. 불국사는 이런 부처님의 나라를 상징하는 절이야. 오늘날 경주를 대표하는 사찰이자 랜드마크란다.

불국사 자하문 (청운교, 백운교)

경주 땅에 이룩한 '부처님의 나라'

불국사 천왕문

천왕문 사천왕 중 광목천왕(좌)과 다문천왕(우)

'불국'은 부처님의 나라를 뜻해. 이름만 그렇게 지은 게 아니라 건물과 탑, 계단 하나하나까지 부처님 나라를 표현했어. 불국사의 정문인 일주문을 지나면 천왕문이 나오는데, 여기에는 무시무시하게 생긴 사천왕 넷이 있어. 이들은 부처님 나라를 지키는 문지기들로, 부처님이 살고 계시다는 수미산의 동서남북을 각각 지키고 있다는군.

천왕문에서 조금 더 올라가면 아름다운 돌계단 위로 멋진 건축물이 나와. 이 돌계단들은 청운교와 백운교, 연화교와 칠보교로 불려. 가만, '교(橋)'라면 다리는 뜻하는 한자어 아닌가? 맞아. 원래는 돌계단 아래 작은 물길이 있었대. 그래서 '교'를 붙인 거지. 이건 사람들이 사는 속세를 떠나 부처님 나라로 들어간다는 의미야. 청운교와 백운교 위에 있는 자하문, 연화교와 칠보교 위의 안양문을 통과하면 극락세계가 펼쳐지는 거란다.

불국사 전경

자하문 (청운교, 백운교)

안양문 (연화교, 칠보교)

부처님의 나라에 세워진 걸작들

자하문을 지나면 절의 중심 건물인 대웅전이 나와. 불국사의 주인인 부처님을 모신 곳이지. 원래의 대웅전은 임진왜란 때 불타 버렸고, 지금 건물은 조선 후기에 새로 지은 거야. 보물로 지정된 대웅전도 멋지지만 더욱 눈길을 끄는 건 그 앞에 나란히 선 석가탑과 다보탑이란다. 이 둘은 사뭇 다르게 생겼지만, 모두 아름다워서 눈을 뗄 수 없을 정도지. 석가탑은 간결한 선이 인상적이고, 다보탑은 더 이상 화려할 수 없을 정도로 아름다운 장식이 돋보여. 1966년 석가탑에서 발견된 불교 경전인 〈무구정광대다라니경〉은 세계에서 가장 오래된 목판 인쇄물이란다. 다보탑은 10원짜리 동전에 새겨질 만큼 자랑스러운 유산이지.

자하문 옆 안양문을 지나면 극락전이 나와. 대웅전에 비하면 크기도 작고 소박하지. 이곳에는 아미타불을 모셔 놓았단다. 부처님의 진리가 가득해서 편안하고 고통 없는 세계로 이끄는 분이래. 극락전의 아미타불은 '금동아미타여래좌상'이라고 하는데, 선이 아름답고 조화가 뛰어나서 국보로 지정되어 있어.

석가탑에서 발견된
〈무구정광대다라니경〉

다보탑

석가탑

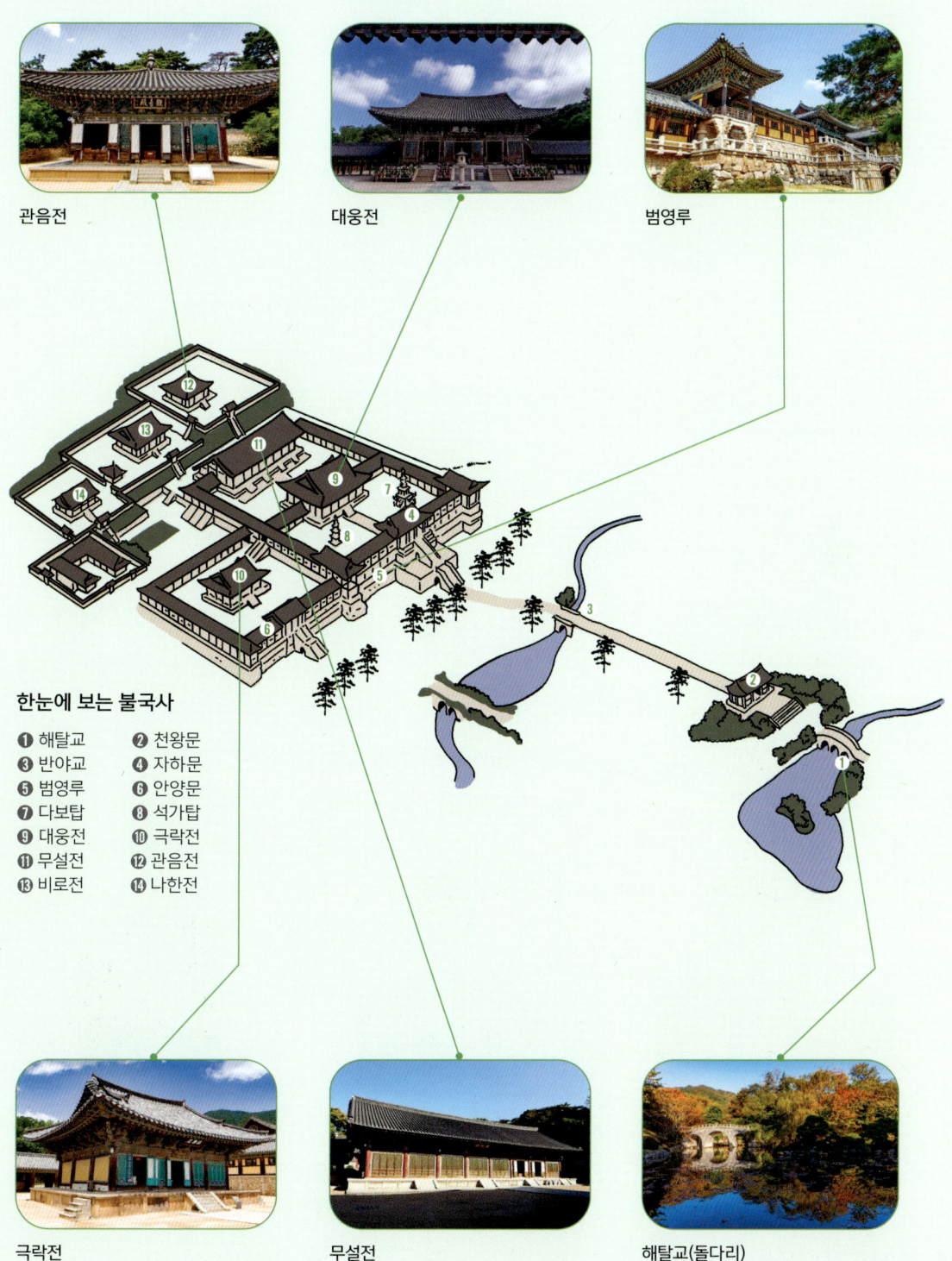

관음전   대웅전   범영루

한눈에 보는 불국사

1. 해탈교
2. 천왕문
3. 반야교
4. 자하문
5. 범영루
6. 안양문
7. 다보탑
8. 석가탑
9. 대웅전
10. 극락전
11. 무설전
12. 관음전
13. 비로전
14. 나한전

극락전   무설전   해탈교(돌다리)

석가탑에 깃든 전설

석가탑은 무영탑(그림자가 없는 탑)으로도 불려. 이건 '아사달과 아사녀' 전설에서 나왔어. 경덕왕은 백제의 유명한 석공 아사달을 불러 석탑을 만들게 했고, 탑이 완성될 때까지 아무도 들이지 말라고 명했어. 아내 아사녀는 몇 년을 기다리다가 남편을 찾아갔지만, 탑이 완성되지 않아 들어갈 수 없었지. 아사녀는 연못으로 가 탑의 그림자가 비치기만을 기다리다가 결국 절망에 빠져 연못에 몸을 던지고 말았어. 그 뒤로 석가탑은 무영탑이란 별명이 생겼단다.

통일신라 전성기에 만들어진 빛나는 유산

이렇게 걸작들이 즐비한 불국사는 경덕왕 때 만들어졌어. 이 무렵 통일신라는 전성기를 지나고 있었지. 경덕왕은 개혁 정책으로 나라의 힘을 더욱 키우면서 새로운 관직을 만들고 벼슬 이름도 중국식으로 바꾸었어. 그러면서 당나라와 활발하게 교역을 벌여 나라를 부유하게 만들었단다.

불국사를 지은 사람은 신라의 제일 높은 벼슬 '시중'을 지낸 김대성으로 알려져 있어. 김대성의 아버지도 시중을 지낼 정도로 집안이 좋았지. 김대성은 벼슬에서 물러난 뒤 부모님을 위해 불국사와 석굴암을 지었다고 해. 석가탑과 다보탑을 세울 때 직접 감독을 하고, 석굴암 본존불을 손수 조각했다는 기록도 있어. 불국사와 석굴암은 1995년에 나란히 유네스코 세계 문화유산이 되었으니, 정말 대단한 작품을 남긴 셈이야. 여기에는 당시 통일신라가 전성기였다는 점도 한몫했다고 볼 수 있어.

통일신라 3대 금동불상인 금동아미타여래좌상, 금동비로자나불좌상, 금동약사여래입상 (왼쪽부터)

돌로 빚어 낸 예술
불교 건축의 최고봉, 석굴암

석굴암은 부처님과 제자들을 모신 석굴 사원이야. 인도나 중국의 석굴 사원은 대부분 바위산을 뚫어 만들었는데, 석굴암은 특이하게도 돌을 쌓아 만든 인공 석굴이란다. 부처님을 새긴 본존불을 중심에 놓고 아름다운 보살상과 제자상 들을 배치한 다음, 그 위에 돌과 흙을 쌓아서 인공 석굴을 완성한 거야.

석굴암은 크게 전실과 주실, 통로 세 구역으로 나뉘어져. 전실은 우리가 사는 세상을 표현한 공간으로 부처님께 예배를 드리는 곳이야. 전실과 주실을 잇는 통로에는 무시무시한 금강역사가 새겨져 있지. 본존불이 있는 주실로 나쁜 것들이 들어가지 못하게 막는 거야.

주실은 부처님의 세계를 표현했어. 본존불 뒤편에는 연꽃 문양과 십일면관음보살상, 10대 제자상 등이 새겨져 있단다. 주실은 조각상뿐 아니라 벽과 천장도 예술이야. 특히 불교의 깨달음을 상징하는 숫자 108개의 돌로 둥글게 짜 맞춘 천장은 보자마자 감탄이 저절로 나온단다.

석굴암 단면도

전실　　통로　　주실

전실에서 본 석굴암 내부

사천왕상(좌 다문천, 우 지국천)

금강역사상

십일면관음보살상

본존불 정면

제4승려상

궁륭천장과 연화천개석

본존불 측면

한 걸음 더, 역사 이야기

효심으로 만든 불국사와 석굴암

불국사에는 무영탑 전설만 있는 게 아니야. 불국사와 석굴암을 만든 김대성에 대한 신비한 이야기도 《삼국유사》에 실려 전해 온단다.

옛날 경주 모량리에 가난한 여인이 살았대. 부잣집 허드렛일을 하면서 대성이란 아들을 키웠다는군. 하루는 대성이 한 스님에게 "부처님께 하나를 시주하면 만 배를 돌려받을 것이다."라는 이야기를 듣고는, 어머니에게 가지고 있던 밭을 시주하자고 했다지 뭐야. 어머니는 흔쾌히 아들의 말을 따랐고 말이야.

하지만 불행히도 얼마 지나지 않아 대성이 그만 죽고 말았어. 그런데 그날 밤 신기한 일이 벌어졌단다. 지체 높은 김문량의 집에 "모량리의 대성이가 이 집에서 태어날 것이다."라는 소리가 들려온 거야. 그로부터 얼마 뒤 김문량의 부인이 아들을 낳았는데, 손에 '대성'이라고 쓰여 있더래. 그래서 김문량은 모량리의 여인을 불러다 아내와 함께 대성을 키우게 했다는구나. 전생의 어머니와 후세의 어머니가 함께 아이를 키운 셈이야. 나중에 이 사실을 알게 된 김대성은 전생의 부모님을 위해 석굴암을 만들고, 이번 생의 부모님을 위해 불국사를 세웠다고 해.

통일신라 전성기(8세기)에 만들어진 구례 화엄사 사사자 삼층석탑

불교 문화가 활짝 피어난 통일신라 시대

신라는 삼국 중 불교를 가장 늦게 받아들였어. 법흥왕이 불교를 국교로 승인하려 했으나 귀족들이 완강히 반대했거든. 결국 승려 이차돈이 "내가 부처님을 위해 죽으면 목에서 흰 피가 솟아오를 것이다."라는 말을 남기며 목숨을 바친 후에야 절을 짓고 불상을 만들 수 있었지. 이렇게 시작은 늦었지만 신라의 불교는 고구려와 백제 못지 않게 발전했어. 신라 왕들이 백성의 마음을 하나로 모으기 위해서 불교를 적극 지원한 덕분이지.

신라가 삼국을 통일한 뒤에는 불교가 더욱 발전했어. 화려하고 세련된 불교 문화가 활짝 꽃을 피웠지. 이건 그만큼 신라가 잘살게 되었기 때문이야. 특히 통일신라 전성기를 이끌었던 성덕왕(702~737)과 경덕왕(742~765) 때 뛰어난 작품들이 대거 쏟아져 나왔단다. 성덕왕 때는 우리나라에서 가장 아름다운 종소리를 낸다는 성덕대왕신종이 만들어졌고, 경덕왕 때는 불국사와 석굴암이 만들어졌지.

성덕대왕신종

동양 최초, 국내 유일의 도개교

부산 영도대교는 1934년에 만들어졌어. 동양 최초의 도개교로, 지금도 우리나라의 유일한 도개교란다. 도개교는 큰 배가 지나갈 수 있도록 위로 올라가는 다리를 말해. 다리 일부를 위로 들어 올린다는 것만으로 사람들의 관심을 끌었고, 단박에 부산을 대표하는 랜드마크가 되었지.

일제 강점기에 만들어진 부산의 명물

일제 강점기에 제작된
부산 영도교 엽서 봉투

영도대교는 일제 강점기 때 만들어졌어. 영도는 원래 절영도라고 불리던 섬이었는데, 이 무렵 인구가 폭발적으로 늘어나면서 연육교(육지와 섬을 연결하는 다리)를 놓게 된 거지. 1934년 개통 당시 영도대교의 길이는 214.7미터, 폭은 18.3미터에 이르렀어. 당시로선 매우 큰 다리였지. 게다가 배가 지나다닐 수 있도록 다리를 들어 올리는 도개교로 제작되었어. 그렇게 영도대교는 우리나라 최초의 도개교이자 연육교가 된 거야.

영도대교는 사람들의 관심을 끌기에 충분했어. 특히 하루 여섯 번씩 다리가 올라가는 모습이 장관이었거든. 어느새 영도대교는 부산에 오면 꼭 봐야 하는 명물이 되었단다. 부산뿐 아니라 전국의 모든 사람들이 영도대교의 이름을 알게 되었지.

해방 이후 영도대교의 모습을 그린 〈변관식필영도교〉, 변관식, 1948년

한국 전쟁 피란민들의 만남의 광장

영도대교는 한국 전쟁 때 피란민들이 모여드는 만남의 광장이었어. 여러 사정으로 헤어지게 된 피란민들이 "영도다리(영도대교)에서 만나자."고 약속했거든. 당시 영도대교는 전국적으로 알려진 랜드마크였으니까. 그래서 영도대교 인근은 언제나 헤어진 가족을 찾으려는 피란민들로 북적였지. 그런데 이때 덩달아 우후죽순 생겨난 것이 바로 점집이야. 헤어진 가족을 못 찾은 피란민들이 답답한 마음에 점쟁이를 찾으면서 점집들이 하나둘 늘어나게 된 것이지. 나중에는 영도대교 아래에 '점바치 골목'이 생겨날 정도였어. 점바치는 부산에서 점쟁이를 부르는 말이었어. 피란민들은 이 골목을 드나들면서 헤어진 가족의 생사를 묻고, 답답한 마음을 풀며 위로를 얻었단다.

영도 점바치 골목의 점쟁이

영도 점바치 골목 전경

1930년대 영도대교의 모습

영도대교 전경

한국 근현대사의 상징으로 다시 태어나다

한국 전쟁이 끝난 뒤에도 영도대교는 부산 교통의 중심 역할을 이어 갔어. 부산 경제가 발전하면서 영도대교를 지나는 차량도 늘어났지. 그런데 1966년에 다리 아래에 상수도관을 설치하면서 다리를 올리는 도개 기능이 중단되었어. 또 1980년에는 바로 옆에 훨씬 넓은 부산대교가 생기면서 영도대교를 지나는 차량도 줄어들었지. 대신 영도대교는 근현대사를 상징하는 건축물로 재조명받아 2006년에 부산광역시 기념물로 지정되었어. 그래서 다리의 낡은 부분을 고치려 했지만, 워낙 오래된 다리라 보수 공사조차 할 수 없을 지경이었대. 결국 이전에 없어진 도개 기능을 포함해 다시 만들기로 했단다. 2013년, 영도대교는 더 넓고 편리해진 모습으로 다시 태어났어. 다만 교통 사정을 감안해 토요일에 한 번만 도개를 해. 이때 많은 사람들이 영도대교로 몰려들지. 영도대교는 여전히 부산의 랜드마크 역할을 하고 있는 셈이야.

영도대교를 위를 달리던 부산 전차

영도대교에는 자동차뿐만 아니라 전차도 다녔어. 전차는 전기를 이용해 땅 위에 설치된 궤도를 따라 달리는 차야. 우리나라에서는 버스나 택시보다 전차가 더 빨리 들어왔어. 대한제국 시기인 1899년에 서울에서 처음 시작되었고, 10년 뒤에는 부산에서도 전차가 다니기 시작했지. 해방이 되고 난 뒤에도 전차는 오랫동안 시민들의 발 노릇을 했단다. 하지만 다른 교통수단이 발달하면서 1968년에 서울과 부산 모두 전차가 사라지게 되었어. 이로써 30년 넘게 영도대교 위를 달리던 부산 전차의 모습도 더 이상 볼 수 없게 되었지.

동아대학교 부민캠퍼스에 전시되어 있는 부산 전차

현재 영도대교 도개 장면

한국 전쟁이 남긴 또 다른 명소들

현재 국제시장의 모습

영도대교 인근에는 한국 전쟁 때 만들어진 또 다른 명소들이 있어. 영도대교에서 차로 5분 거리인 국제시장이 대표적이야. 이곳에 수많은 피란민들이 모여 물건을 사고팔았지. 원래는 해방 직후에 한반도를 떠나는 일본인들이 가지고 있던 물건을 팔기 시작하면서 시장이 생겼대. 한국 전쟁 동안에는 미군 부대에서 흘러나온 물건들과 부산항으로 들어온 온갖 외국 상품들이 이곳을 통해 전국으로 퍼져 나갔단다. 그 덕분에 '국제시장' 이름도 갖게 된 거지. 지금도 이곳에는 거미줄같이 이어진 골목마다 특색 있는 물건들이 가득하고, 이를 사려는 사람들의 발길이 끊이지 않고 있단다.

국제시장에서 2킬로미터쯤 떨어진 곳에는 감천문화마을이 있어. 이곳은 원래 피란민들과 태극도라는 신흥 종교 신자들이 다닥다닥 붙어 살던 마을이었지. 2000년대 들어 인구가 급격히 줄면서 사라질 위기에 놓였는데, 알록달록 색칠을 한 문화마을로 탈바꿈하면서 부산의 새로운 랜드마크가 되었어. 지금은 해마다 수백만 명의 관광객이 찾아올 정도로 유명해졌단다.

1953년 국제시장의 모습

감천문화마을 전경

한 걸음 더, 역사 이야기

일제는 왜 우리나라에 다리와 철도를 만들었을까?

일제 강점기에 만들어진 건 영도대교만이 아니었어. 일제는 한반도 구석구석을 잇는 철도와 도로, 수많은 다리를 잇따라 만들었지. 거기다 발전소와 공장을 짓기도 했어. 덕분에 산업이 발전하고 경제가 성장하긴 했단다. 그래서 어떤 사람들은 우리나라가 지금처럼 발전하게 된 것이 다 일본 덕분이라고 주장해. 일제 강점기에 만들어진 여러 산업 시설들이 우리나라 경제 발전의 기초가 되었다는 거지.

얼핏 이건 사실처럼 보여. 하지만 일제 강점기 동안 우리나라 사람들 대다수는 오히려 살기가 어려워졌어. 일제가 지은 철도와 항구를 통해 우리나라의 자원과 식량을 헐값에 가져갔거든. 사실 일제가 철도와 다리를 놓은 건 우리나라를 발전시키려고 한 게 아니라, 자원과 식량을 손쉽게 가져가기 위해서였어. 또한 일제 말기에는 전쟁이 확대되면서 경제는 뒷걸음질쳤지. 더구나 한국 전쟁을 거치면서 일제가 만든 산업 시설은 대부분 파괴되었단다. 따라서 지금 대한민국의 발전이 일제 덕분이었다고 말하긴 어려워.

쌀이 일본으로 반출되고 있는 군산항 전경. 부두 한쪽에 쌀가마가 가득 쌓여 있어.

피란민이 몰려든 임시수도 부산

한국 전쟁이 일어나자 부산은 임시수도가 되었어. 전쟁이 일어난 지 단 삼 일만에 서울이 점령당했거든. 이승만 대통령과 정부는 대전과 대구를 거쳐 부산까지 피란을 왔어. 이 과정에서 대전과 대구도 잠시 임시수도가 되었지만, 전쟁 기간 대부분은 부산이 임시수도였지. 그 결과 정부를 따라 수많은 피란민들이 부산으로 몰려들었어. 나중에는 북한에서 내려온 피란민들까지 더해졌지. 그래서 전쟁 전에 약 47만 명이었던 부산 인구가 전쟁이 끝날 무렵에는 100만 명 가까이로 늘었어. 갑작스레 고향을 떠난 피란민들은 살 집도 먹거리도 일자리도 턱없이 부족했어. 그나마 정부가 마련해 준 난민 수용소에 들어간 사람은 운이 좋은 거였지. 대부분의 피란민들은 산비탈에 판잣집을 짓거나 심지어 다리 아래에 거적을 깔고 지내기도 했어. 판잣집을 다닥다닥 붙여 지으니 큰불이 자주 났지만 피란민이 계속 모여드니 산비탈 판잣집은 늘어만 갔지. 현재 부산의 산비탈마다 집들이 빼곡히 들어선 건 전쟁이 남긴 흔적이라고 할 수 있단다.

부산 임시수도 정부청사

피란민들의 애잔한 삶이 녹아 있는 부산 흰여울문화마을

부산 중앙동 판자촌 언덕길로 이어지던 40계단

전주 한옥마을

위치 : 전라북도 전주시 | 조성 시기 : 일제 강점기

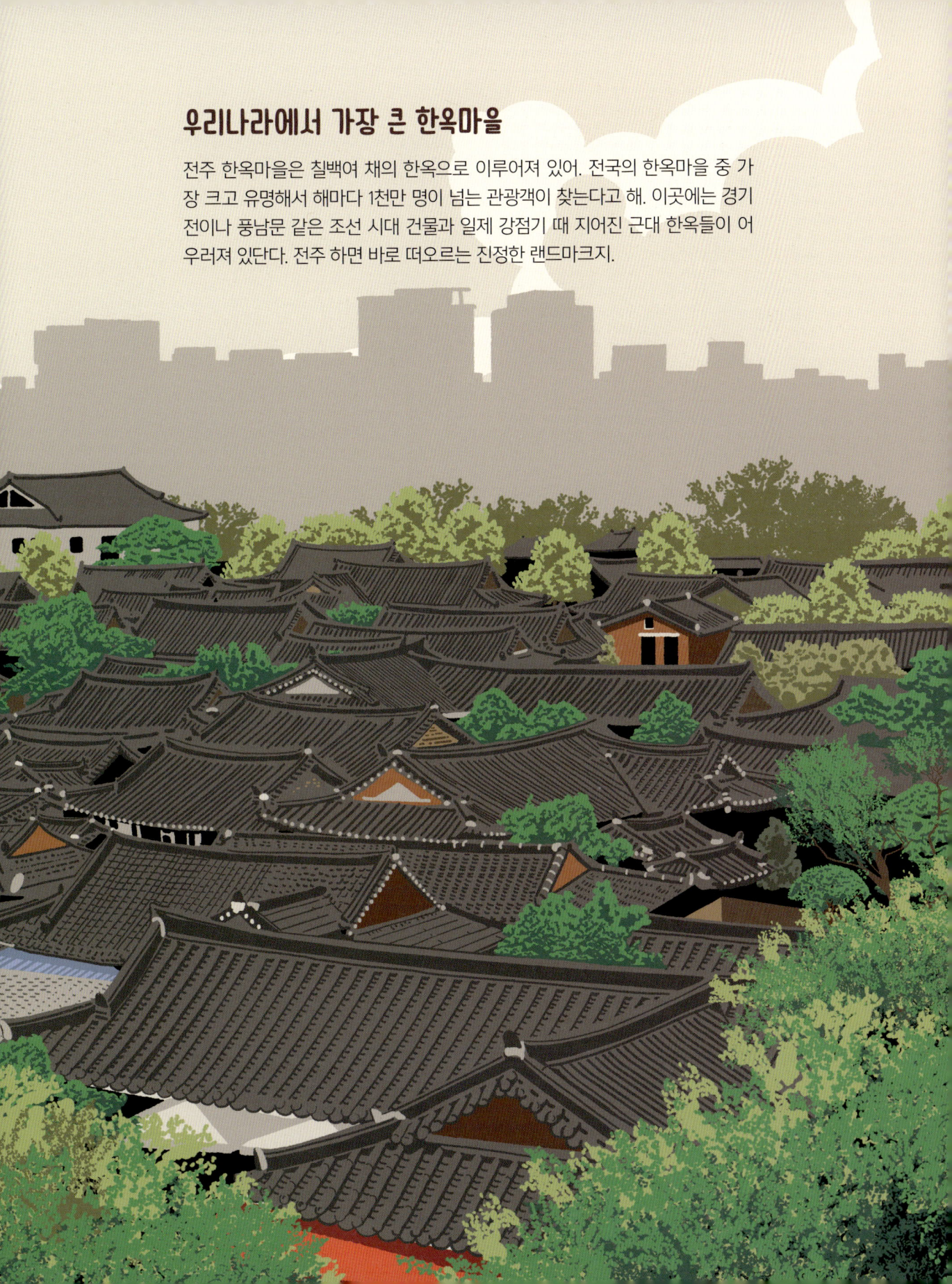

우리나라에서 가장 큰 한옥마을

전주 한옥마을은 칠백여 채의 한옥으로 이루어져 있어. 전국의 한옥마을 중 가장 크고 유명해서 해마다 1천만 명이 넘는 관광객이 찾는다고 해. 이곳에는 경기전이나 풍남문 같은 조선 시대 건물과 일제 강점기 때 지어진 근대 한옥들이 어우러져 있단다. 전주 하면 바로 떠오르는 진정한 랜드마크지.

조선의 문화유산과
근대 한옥이 만나다

전주향교

전주 시내에 한옥마을이 생겨난 건 일제 강점기 때였어. 이전까지 이 지역은 백성들이 사는 민가가 거의 없었대. 조선을 세운 태조 이성계의 어진을 모신 경기전, 〈조선왕조실록〉을 보관한 전주사고, 지역 교육의 중심이었던 전주향교 등이 자리하고 있었지. 그런데 왜 전주냐고? 이성계는 전주 이씨니까 전주는 조선 왕조의 고향인 셈이야. 그래서 이 지역에 경기전 등을 세우고 신성한 곳으로 만들었던 거야. 하지만 조선이 망해 가면서 모든 것이 변하기 시작했어. 우선 일본인들이 전주로 많이 들어와 살게 되었지. 처음엔 전주성 밖에 터를 잡았는데, 성곽을 없애더니 일본식 주택을 지으면서 점차 시내 중심으로 밀고 들어왔단다. 그러자 전주 사람들은 경기전이 있는 풍남문 동쪽에 모여 살기 시작했어. 당연히 이들은 한옥을 지었는데, 조금 더 편리하게 개량한 근대 한옥이었대. 이것들이 경기전 같은 오래된 문화유산과 어우러지면서 전주 한옥마을의 독특한 분위기를 빚어 내게 되었단다.

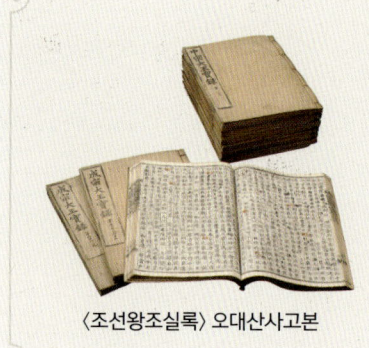

〈조선왕조실록〉 오대산사고본

〈조선왕조실록〉을 지켜 낸 전주사고

유네스코 세계 기록유산인 〈조선왕조실록〉은 조선 시대 때 가장 중요한 책이었어. 분량도 어마어마해서 수백 권에 이른단다. 나라에선 한양을 비롯해 전주, 충주, 성주 등 네 군데에 사고를 만들어서 〈조선왕조실록〉을 소중히 보관했어. 그런데 임진왜란 때 한양과 충주, 성주의 사고들이 그만 불에 타고 말았단다. 유일하게 전주사고에 있던 〈조선왕조실록〉만 살아남았지. 〈조선왕조실록〉이 지금까지 전해지고 유네스코 세계 기록유산이 될 수 있었던 건 모두 전주사고 덕분이야.

현재 풍남문의 모습

일제 강점기 당시 전주 풍남문 일대 모습

경기전 정전

한옥마을의 터줏대감, 경기전

조선 제1대 왕 태조 이성계
(1335~1408)

전주에 경기전을 세운 건 태조의 아들 태종이었어. 조상들이 살던 전주에 아버지의 어진을 모신 건물을 짓고 '어용전'이라고 이름 붙였지. 그걸 태종의 아들 세종이 '경기전'으로 바꾼 거란다. '경사스러움이 터를 잡은 곳'이란 뜻이래. 경기전 또한 임진왜란 때 불탔는데, 다행히 태조의 어진은 무사했어. 지금 건물들은 그 이후에 다시 지은 거란다.

경기전의 중심 건물은 태조 어진을 모신 정전이야. 사실 여기 있는 건 모사품이지만 크게 아쉬워하지 않아도 돼. 진품 못지 않게 정교할 뿐 아니라 젊은 시절 태조의 어진도 볼 수 있거든. 진품은 정전 뒤쪽의 어진박물관에 보관 중인데 1년 중 한두 번만 관람객들에게 공개한대. 대신 조선 왕조와 관련된 다양한 유물들은 언제나 볼 수 있지. 그리고 경기전 안에 전주 이씨의 조상을 모신 사당(조경묘)과 전주 사고도 있으니 함께 둘러보면 좋겠지?

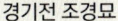

경기전 전경

경기전 조경묘

전주사고

근대 한옥의 대표, 학인당

학인당

경기전이 조선 시대를 대표한다면, 근대 한옥의 대표는 학인당이야. 1908년에 지어진 학인당은 전통 한옥에 유리문을 다는 등 서양식 요소들이 추가되었어. 본채의 구조도 특이한데, 천장이 높으며 널찍한 마루를 실내 공연장으로 삼았대. 여기서 전주를 대표하는 명창들의 공연이 자주 열렸단다.

학인당을 지은 사람은 당시 효자로 이름이 높았던 백낙중이야. 그는 아주 부자여서 학인당을 짓는 데 돈을 아끼지 않았어. 건축 재료인 나무는 압록강 인근 숲과 오대산 등지에서 가져왔고, 목수를 비롯한 일꾼만 사천여 명이나 되었다는군. 공사 기간도 2년 8개월이나 걸렸단다. 해방 후에는 백범 김구를 비롯한 임시정부 인사들이 머물기도 했대.

지금은 옛 모습 그대로 숙소로 운영되고 있어서 누구나 이곳에 머물 수 있어.

학인당에 머물렀던 김구와 임시정부 인사

황혼이 내려앉은 전주 한옥마을 전경

최고의 전망을 자랑하는
오목대

조선 시대와 근대의 문화유산이 어우러진 전주 한옥마을에는 다양한 건물과 문화 시설도 많아. 조선 시대 전주의 대표 교육 기관이자 드라마 촬영지로도 유명한 전주향교, 옛 전주성의 남문인 풍남문, 100여 년 전 세워진 전동성당도 빼놓을 수 없지. 조선 후기 천주교 신자들을 처형하던 자리에 들어선 전동성당은 우리나라에서 가장 아름다운 성당 중 하나로 꼽혀. 고려 말 이성계가 전주 이씨들을 모아 놓고 잔치를 베풀었다는 오목대도 반드시 둘러봐야 해. 야트막한 언덕 위 오목대에서 한눈에 내려다보이는 전주 한옥마을은 정말 근사하거든.

오목대

전동성당

한 걸음 더, 역사 이야기

고려 말
영토 수복 지도

이성계가 함경도에서 태어난 까닭

태조 이성계의 고향은 고려와 명나라의 국경 지역이었던 함경도 영흥이야. 가만, 조선 왕조의 고향은 전주라고 하지 않았나? 여기에는 이유가 있어. 이성계의 고조 할아버지 이안사가 조상 대대로 살던 전주를 떠날 수밖에 없었거든. 전주 관리의 눈 밖에 난 이안사는 처벌을 피하려고 가족과 자신을 따르던 백성들 수백 명까지 거느리고 강원도 삼척으로 이사를 갔어. 그런데 전주 관리가 삼척으로 옮겨 왔지 뭐야. 이안사는 부랴부랴 다시 짐을 꾸려 고려와 원나라의 국경 지대였던 함경도 의주로 갔어. 내친 김에 원나라로 가 그곳 관리까지 되었지. 자신을 박해하는 고려에 정이 뚝 떨어졌던 거야. 이안사의 자손들도 뒤를 이어 원나라 관리가 되었는데, 증손자인 이자춘이 함경도 영흥으로 자리를 옮겼어. 당시 영흥은 원나라 땅이었거든. 그뒤 이자춘은 공민왕이 원나라로부터 쌍성총관부를 되찾아 올 때 큰 공을 세웠어. 이를 계기로 이자춘은 고려에 귀순했고, 이성계가 영흥에서 태어나 고려의 장군이 된 거란다.

조선의 3대 도시 중 하나였던 전주

조선 왕조의 고향이었던 전주는 조선 시대 내내 번영을 누렸어. 널찍한 평야를 갖춘 호남 제일의 곡창 지대인 데다 조정의 특별 대우를 받았기 때문이지. 한양, 평양에 이어 세 번째로 가구수가 많아서 '조선 3대 도시'로 꼽힐 정도였어. 또한 질 좋은 종이를 생산했을 뿐 아니라, 한양과 더불어 책을 가장 많이 찍어 내는 도시이기도 했지. 전라도라는 이름도 이 지방에서 가장 큰 도시였던 전주와 나주의 앞 글자를 따서 지은 거야. 전라도를 총괄하는 행정 기관이었던 전라감영도 전주에 있었고, 전주성은 한강 이남에서 가장 큰 성이었지. 임진왜란 때 육지에서 첫 승리를 거둔 곳도 전주였어. 이미 한양을 점령한 왜군이 호남까지 차지하기 위해 내려오는 걸 전주에서 막아 낸 거지. 덕분에 조선은 전세를 뒤집을 수 있는 계기를 마련했어.

한편 전주는 예로부터 문화 예술이 발전한 도시였어. 지금도 국악계의 가장 큰 행사인 전주 대사습놀이는 조선 후기 영조 때부터 전주에서 시작되었단다.

전주성을 중심으로 전주 전역을 그린 〈전주부지도〉

순천 선암사

위치 : 전라남도 순천시 | 건축 시기 : 875년

화장실까지 문화재로 지정된 아름다운 사찰

2018년 유네스코는 한국의 산사(산속에 있는 절) 일곱 곳을 세계 문화유산으로 뽑았어. 선암사를 비롯해 통도사, 부석사, 봉정사, 법주사, 마곡사, 대흥사가 그 주인공들이란다. 그중에서도 선암사는 가장 아름다운 사찰로 손꼽혀. 중심 건물인 대웅전이나 그 앞의 탑들은 물론, 절 입구의 다리와 화장실까지 문화재라니 말 다했지.

선암사 승선교와 정자

한국불교태고종의 으뜸 사찰

선암사는 통일신라 시대인 875년에 승려 도선이 세운 절이야. '선암'은 '신선이 노닐던 바위'라는 뜻이래. 절 서쪽에 크고 평평한 바위가 있는데, 여기서 신선이 바둑을 두었다는 전설이 있어서 이런 이름이 생겼다는구나. 이후 고려 시대 때 의천이 선암사를 다시 크게 지었어. 문종의 아들이자 뛰어난 승려였던 의천 덕분에 선암사는 크고 유명한 사찰이 되었어. 하지만 임진왜란과 한국 전쟁 때 많은 건물이 불타고 말았단다. 그래도 선암사엔 아름다운 옛 건물과 문화재들이 많이 남아 있어. 도선이 만들었다는 유물들도 함께 전해 오고 있지. 덕분에 선암사는 한국불교태고종의 으뜸 사찰이 되었어. 태고종은 조계종과 함께 한국 불교의 양대 종교 단체인데, 조계종과 달리 승려가 공식적으로 결혼할 수 있단다.

통일신라의 승려 도선(827~898)

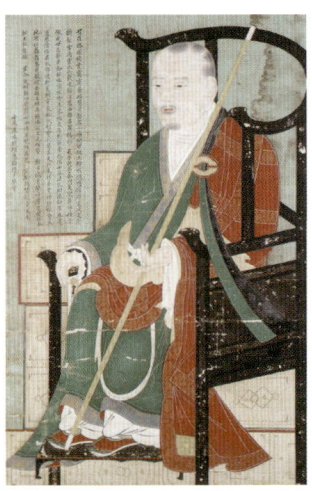

고려의 승려 의천(1055~1101)

선암사 전경

신선이 노닐 것 같은 아름다운 승선교

선암사는 들어가는 길부터 특별해. 주차장에서 절의 정문인 일주문까지 계곡을 따라 상수리나무와 신갈나무 등이 울창한 숲을 이루거든. 특히 계곡을 가로지르는 무지개 다리 승선교는 보물로 지정되어 있을 만큼 아름다워. 승선교는 '신선이 되어 오르는 다리'를 뜻해. 계곡물에 비친 아치가 둥근 원을 이루는데, 이 사이로 멀리 정자가 보이는 위치가 선암사 최고의 포토존이란다.

일주문 안으로 들어가면 독특한 구조가 눈길을 끌어. 보통 절은 중심 건물인 대웅전을 중심으로 다른 건물들을 배치하는데, 선암사는 아담한 건물 스무 채 정도가 여러 개의 독립된 권역을 이루고 있거든. 경사진 산자락의 지형을 그대로 살려 짓느라 이런 모양이 되었대. 덕분에 아늑하고 편안한 느낌이 든단다.

> **문화재가 된 화장실, 선암사 뒷간**
>
> 절에서는 화장실을 '해우소'라고 불러. '근심을 해결하는 곳'이란 뜻이지. 선암사 해우소는 오래 전 지어진 재래식 화장실이야. 자연미를 그대로 살린 건물에는 '깐뒤'라고 쓰여 있지. 이걸 왼쪽부터 읽으면 옛날 화장실 이름인 '뒷간'이 된단다. 아담한 건물도 아름답지만, 신기하게 냄새가 안 나는 내부 구조도 독특해. 덕분에 전남문화재자료로 지정되어 보호받고 있어.

선암사 승선교

해우소 · 장경각 · 응진당

한눈에 보는 선암사

① 일주문　② 법종루
③ 만세루　④ 대웅전
⑤ 범종각　⑥ 심건당
⑦ 지장전　⑧ 삼전
⑨ 조사전　⑩ 원통전
⑪ 무우전　⑫ 응진당
⑬ 장경각　⑭ 무량수전
⑮ 종무소　⑯ 적묵당
⑰ 해천당　⑱ 해우소

조사전(조사당) · 지장전

일주문 · 범종각 · 대웅전

독특한 개성을 간직한
아름다운 건물들

선암사의 건물들은 저마다 독특한 개성과 아름다움이 있어. 그중에서 가장 돋보이는 건 조선 왕실의 기도처였던 원통전이야. 여기서 기도를 해서 순조가 태어났다고 해. 왕실 기도처치고 아담한데, T자 모양의 구조가 특이하지. 또 문살이 아름답기로 유명하단다. 문살에 부귀영화를 뜻하는 모란을 새기고 방아 찧는 달나라 토끼와 새를 장식했는데, 여러 조각을 끼워 맞추지 않고 하나의 원목으로 전체를 조각했어.

보물로 지정된 대웅전은 얼핏 낡고 허름해 보여. 화려한 단청이 대부분 벗겨졌거든. 최소한의 보존 처리만 하고 단청을 새로 칠하지 않았기 때문이지. 대웅전뿐 아니라 다른 건물들도 그래. 그래서인지 세월이 켜켜이 쌓인 소박한 아름다움이 느껴져. '근심 걱정이 사라지는 곳'이란 뜻의 무우전은 ㄷ자 모양의 승방(승려가 머무는 방)이야. 이곳 마루에서 보는 조계산이 참 아름다워. 봄이면 앞마당에 매화도 예쁘게 핀단다. 매화는 선암사를 대표하는 꽃이야.

매화가 만개한 선암사

원통전

무우전

천년불심길로 이어지는 선암사와 송광사

선암사 인근에는 또 다른 천년 고찰 송광사가 있어. 이곳은 조계종의 대표 사찰 중 하나야. 규모가 크고 건물도 웅장해서 선암사와는 분위기가 사뭇 달라. 절 마당에는 옛날에 스님들이 쓰던 길쭉한 나무 밥통이 있는데, 크기가 어마어마해서 깜짝 놀랄 정도야. 그만큼 많은 승려들이 머물렀다는 뜻이지. 요즘은 외국에서 한국 불교를 공부하는 스님들이 이곳을 많이 찾아온대.

송광사도 주차장에서 일주문을 지나 절 안으로 들어가는 산길이 좋아. 여기도 계곡을 가로지르는 무지개 다리가 있는데, 그 위에 일자 모양의 건물을 지어 놓았어. 일주문 앞에는 송광사를 거쳐간 승려들을 기리는 비석들이 있지. 일주문을 지나 천왕문, 해탈문까지 지나면 크고 화려한 대웅전이 나와. 새로 칠한 것처럼 선명한 단청이 인상적이야. 이렇게 이웃사촌이면서도 서로 다른 선암사와 송광사는 고즈넉한 산길인 '천년불심길'로 이어진단다.

송광사 전경

송광사 무지개 다리

송광사 나무 밥통

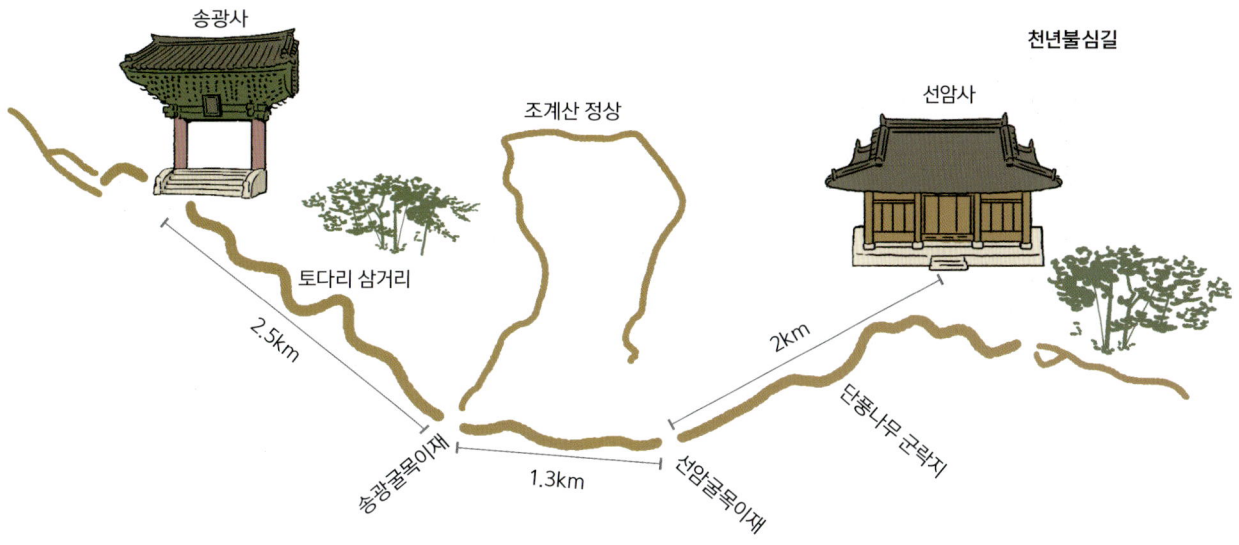

한 걸음 더, 역사 이야기

선암사를 짓고 넓힌 도선과 의천

선암사를 처음 세운 도선은 통일신라 말기를 대표하는 승려야. 왕의 스승인 왕사, 나라의 스승인 국사로 불릴 정도였지. 그런데 도선은 우리나라에서 풍수를 처음 시작한 것으로 더 유명하단다. '풍수'란 땅의 모양을 보고 좋은 곳을 찾아내는 이론이야. 우리나라의 전통 지리학이라고 할 수 있지. 도선이 중국 당나라에서 배워 온 풍수 사상은 고려와 조선 시대에 큰 영향을 끼쳤어. 요즘도 풍수에 따라 집이나 무덤을 정하는 사람들이 있을 정도지.

선암사를 다시 크게 지은 의천은 고려 중기를 대표하는 승려야. 왕자의 신분으로 출가한 것으로도 유명하지. 의천이 가장 힘쓴 건 당시 교종과 선종으로 나뉘어 있던 고려 불교를 하나로 통합하는 일이었어. 교종은 부처님 말씀이 담긴 경전을 열심히 연구해서 깨달음을 얻으려 했고, 선종은 불교식 명상인 참선을 통해 깨달음을 얻으려 했지. 이 둘을 하나로 만들기 위해 의천은 천태종을 만들었어. 천태종은 조계종, 태고종과 함께 지금도 한국 불교를 대표하는 종파 중 하나란다.

선종과 교종의 통합을 위해 천태종을 만든 의천

참선 수행을 중시하는 선종

경전을 연구하는 교종

부처님을 믿은 조선 왕실 사람들

선암사 입구에는 다른 절에 없는 게 있어. 바로 '하마비'야. 말에서 내리라는 뜻을 새겨 궁가, 종묘, 문묘 앞에 세웠던 비석이지. 여기서부터는 말에서 내려 걸어가야 했어. 선암사에 하마비가 있는 이유는, 이곳이 왕실 기도처였기 때문이야.

가만, 조선은 유교를 숭상하고 불교를 억압하는 '숭유억불'의 나라잖아. 그런데 왕실에서 절을 기도처로 삼았다니 좀 이상하지? 여기에는 이유가 있어. 국가에서는 숭유억불 정책을 폈지만, 개인적으로 불교를 믿는 왕이나 왕비가 많았거든. 그러니 부처님께 왕실의 번영을 빌기 위해 좋은 절에 기도처를 마련하는 건 자연스러운 일이었지. 심지어 궁 안에 불당을 차리고 기도를 하기도 했어. 세종은 창덕궁에 불당을 만들어 아버지 태종의 명복을 빌었지. 태조는 죽은 왕비를 위해 절을 지었고, 세조는 불경을 번역하기도 했어. 이렇게 조선의 많은 왕들이 불교를 믿었어. 심지어 왕실 차원에서 불교와 절을 지원하기도 했단다.

선암사 하마비

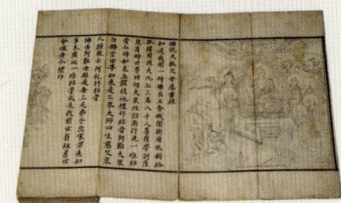

《조선사경》| 천안 광덕사에 전해지는 사경이야. '사경'은 불경의 내용을 옮겨 적고 화려하게 꾸민 것을 말해. 이 책은 태종의 둘째 아들 효령대군이 부인, 아들과 함께 시주하여 만든 거란다. 조선 초기 왕실의 불교 신앙을 엿볼 수 있어.

양주 회암사지 | 고려 말, 조선 전기 최대의 왕실 사찰이었던 회암사가 있던 터야. 회암사는 왕실과 밀접한 관계를 유지하며 조선 시대 불교 문화를 이끌었다고 해.

국립5·18민주묘지

위치 : 광주광역시 북구 | 건축 시기 : 1997년

대한민국 민주주의를 상징하는 랜드마크

국립5·18민주묘지는 1980년 5월 18일 광주에서 일어난 민주화운동 희생자들이 묻힌 곳이야. 당시 군인들이 쏜 총에 수많은 학생, 시민들이 목숨을 잃었지. 이들의 희생 덕분에 우리나라는 민주주의 국가가 될 수 있었어.

'역사 바로 세우기'로 조성된 민주묘지

5·18무장항쟁군상

5·18민중항쟁추모탑

국립5·18민주묘지는 1997년에 문을 열었어. 5·18민주화운동이 일어난 지 17년 만의 일이었지. 늦게나마 국가에서 민주묘지를 만든 건 그동안 우리나라 민주주의가 많이 발전한 덕분이야. 1987년에는 군사 독재 정권이 물러났고, 1992년에는 수십 년 만에 처음으로 군인 대신 민간인이 대통령으로 당선되었지. 이때 당선된 김영삼 대통령은 '역사 바로 세우기'를 선언했어. 그러면서 5·18민주화운동 희생자들을 위한 묘지를 만든 거야. 이전까지 희생자들은 일반인들과 함께 광주시립공원묘지에 묻혀 있었단다.

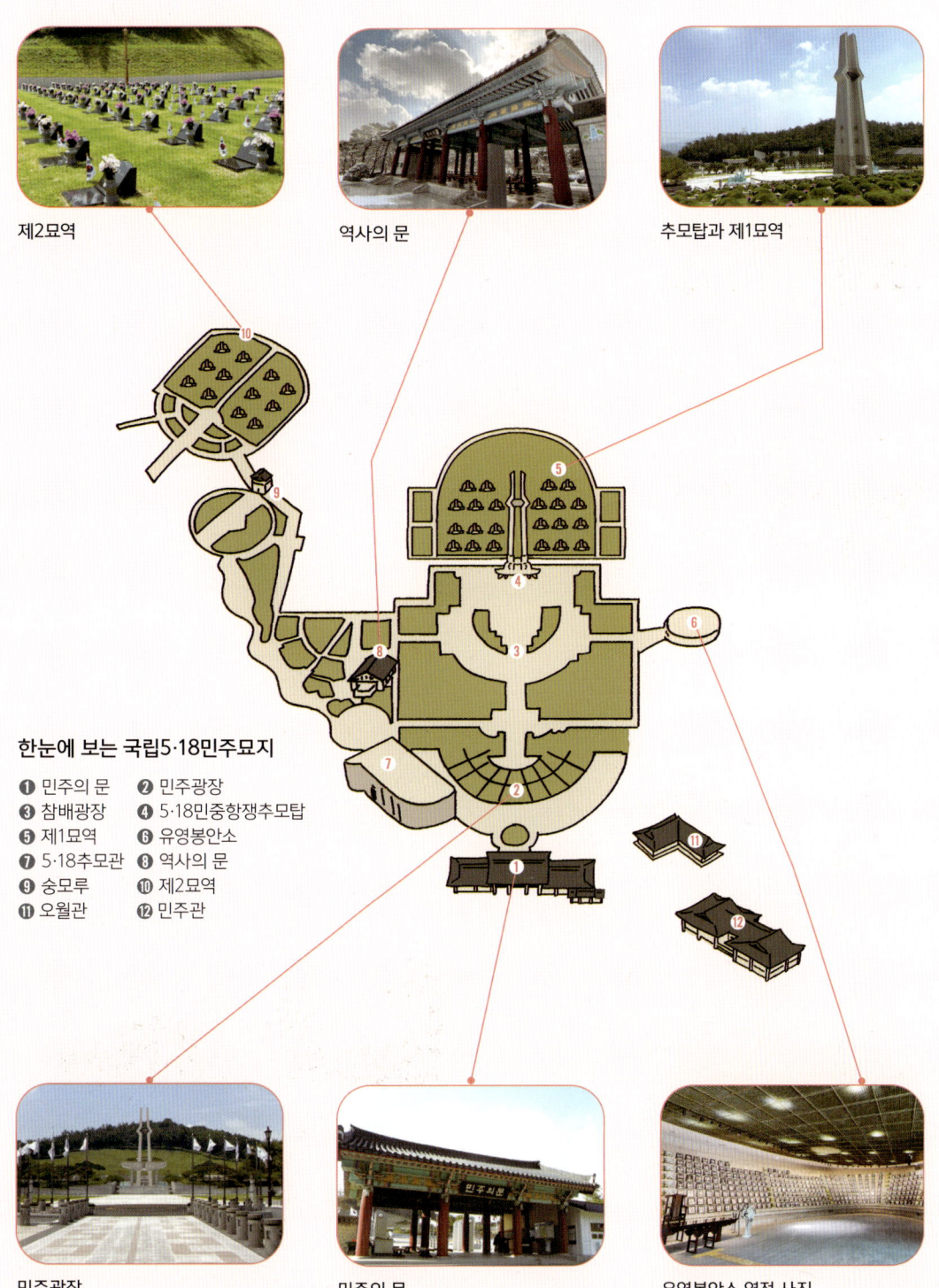

제2묘역

역사의 문

추모탑과 제1묘역

한눈에 보는 국립5·18민주묘지

❶ 민주의 문 ❷ 민주광장
❸ 참배광장 ❹ 5·18민중항쟁추모탑
❺ 제1묘역 ❻ 유영봉안소
❼ 5·18추모관 ❽ 역사의 문
❾ 숭모루 ❿ 제2묘역
⓫ 오월관 ⓬ 민주관

민주광장

민주의 문

유영봉안소 영정 사진

흑백 사진으로 남은 그날의 희생자들

참배광장으로 연결되는 추념문

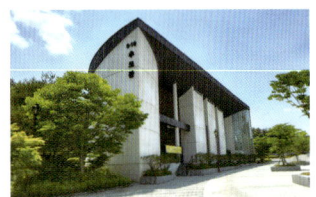
5·18추모관

국립5·18민주묘지는 희생자들이 묻힌 묘역과 광장, 추모관 등으로 이루어져 있어. 16만 제곱미터가 넘는 널찍한 부지를 둘러볼 수 있는 산책로도 있지. 정문인 '민주의 문'을 지나면 민주광장과 참배광장 너머로 우뚝 선 5·18민중항쟁 추모탑이 한눈에 들어와. 높이 40미터의 추모탑은 두 손바닥으로 타원형 구슬을 감싼 형상이야. 옛날 절에서 거대한 깃발을 세울 때 쓰던 당간지주 모양을 본따 만든 거래. 가운데 구슬은 새로운 생명의 부활을 상징한다는구나.

추모탑 뒤로는 희생자들이 잠든 묘역이 나와. 무덤마다 놓인 오래된 흑백 사진과 꽃을 보면 숙연한 기분이 들어. 사진 중에는 어린 학생도 있고, 새하얀 웨딩드레스를 입은 신부도 있단다. 이들은 모두 계엄군이 쏜 총에 맞아 숨졌어. 도대체 왜 이런 말도 안 되는 일이 벌어진 걸까? 이건 민주광장 옆 5·18추모관에 가면 자세히 알 수 있어.

민주주의의 상징, 망월동 묘지

처음 희생자들은 대부분 망월동 광주시립공원묘지(현재 제3묘역)에 묻혔어. 군인들이 시신을 청소차에 싣고 가 쓰레기 버리듯 묻었지. 이후 이곳은 '망월동 묘지'로 불렸어. 뒤늦게 광주민주항쟁 소식을 들은 사람들이 전국에서 찾아와 참배했고, 민주화운동을 계속 이어 나갔지. 이후에도 많은 이들이 경찰이 쏜 최루탄이나 폭력에 스러져 망월동 묘지에 묻히면서, 망월동 묘지는 민주주의를 상징하는 곳이 되었어.

망월동 묘지(제3묘역)

5.18추모관에서 알아보는 그날의 진실

5·18추모관은 5.18민주화운동 관련 자료와 유물을 살펴볼 수 있는 전시관이야. 총을 맞은 날짜와 시간이 멈춘 손목시계, 피로 물든 태극기, 계엄군이 시민들을 때리던 진압봉 등을 볼 수 있지. 그리고 5·18민주화운동 배경과 전개 과정, 결과도 당시 사진과 영상 등을 통해 상세히 설명하고 있어. 비극의 시작은 5월 17일 자정, 비상계엄이 전국으로 확대된 것이었어. 군사 반란으로 권력을 잡은 전두환 세력이 독재를 하기 위해 내린 조치였지. 다음날 새벽 군인들이 국회를 막자 광주에서 민주화를 요구하는 시위가 벌어졌는데, 특수부대원들이 칼까지 휘두르며 폭력으로 진압한 거야. 분노한 시민들이 시위에 대거 참여하자 군인들은 총을 쏘기 시작했어. 시민들도 경찰서에서 총을 가져와 군인들에 맞섰지. 하지만 더 많은 군인들이 광주로 들어왔고, 결국 5·18민주화운동은 무자비하게 진압되면서 수백 명의 시민들이 목숨을 잃었단다.

5·18민주화운동 최후의 전투가 벌어진 옛 전남도청 건물

한 걸음 더, 역사 이야기

고 이한열 추모 시위 (6월 민주 항쟁)

6월 민주 항쟁으로 결실을 맺은 우리나라 민주주의

5·18민주화운동은 끝났지만, 우리나라의 민주화운동이 멈춘 건 아니었어. 오히려 광주에서 벌어진 비극이 널리 알려지면서 민주화운동은 더욱 거세졌지. 하지만 전두환 정권은 민주화운동을 철저히 탄압했어. 마음대로 잡아다가 고문까지 했지.

1987년 1월 14일, 민주화운동을 하던 박종철이 경찰의 고문을 받다 끝내 숨을 거두고 말았어. 그런데 다음 날 경찰은 "박종철에게 의심스러운 점이 있어 조사를 하던 중 책상을 '탁' 치니, '억' 하고 죽었다."라고 발표했어. 언론을 통해 이 거짓말 같은 이야기를 들은 모든 국민들이 분노했어. 화가 머리끝까지 난 시민들이 거리로 쏟아져 나왔고, 대통령을 직접 뽑을 수 있도록 헌법을 고치자고 주장했지. 그때까지 국민들은 대통령을 직접 뽑을 수 없었거든. 그래서 독재 정권이 계속 이어진 거였지. 그런데 같은 해 6월, 대학생 이한열이 시위 도중 경찰의 최루탄에 맞아 크게 다쳤어. 그러자 더 많은 시민들이 시위에 나섰고, 결국 정부는 대통령 직선제를 포함한 민주화 선언을 발표하게 되었지. 이걸 '6월 민주 항쟁'이라고 부른단다.

마침내 처벌받은 광주 학살 책임자

 6월 민주 항쟁으로 민주화를 이루었지만 광주 학살 책임자였던 전두환은 처벌받지 않았어. 1987년에 치러진 대통령 선거에서 전두환과 같이 쿠데타를 일으켰던 노태우가 당선되었거든. 당시 민주화운동을 이끌었던 김영삼과 김대중이 후보 단일화에 실패하여 각각 출마하면서 표가 나뉘어졌기 때문이지. 게다가 노태우가 민주화 선언을 직접 발표하면서 국민들의 호감을 얻은 영향도 있었어. 이렇게 쿠데타의 주역이 대통령이 되었으니, 쿠데타와 민주화운동 탄압에 대해 처벌할 수 없었던 거야. 하지만 노태우의 뒤를 이어 김영삼이 대통령이 되면서 상황이 완전히 바뀌었어. 김영삼은 '역사 바로 세우기'를 통해 군사 독재 청산을 추진했지. 때마침 전두환과 노태우가 어마어마한 뇌물을 받았다는 사실이 밝혀지면서 둘의 처벌을 요구하는 여론이 높아졌지. 마침내 전두환과 노태우, 두 전직 대통령이 법정에 서게 되었어. 대법원은 전두환에게 무기징역과 추징금 2205억 원을, 노태우에게는 징역 17년과 추징금 2268억 원을 선고했어. 무기징역은 죽을 때까지 감옥에 갇히는 것, 추징금은 불법적으로 받은 돈을 토해 내는 걸 말해. 드디어 역사가 바로 서게 된 거야.

재판정에 선 전두환과 노태우

명동성당

위치 : 서울특별시 중구 | 건축 시기 : 1898년

100년 전 서울을 대표하는 랜드마크

명동성당은 100여 년 전 서울을 대표하는 랜드마크였어. 단층짜리 초가집과 기와집들이 올망졸망 모여 있는 당시 서울에서 하늘을 찌를 듯이 뾰족하게 솟아오른 명동성당은 단연 눈길을 끌었거든. 게다가 언덕 위에 자리 잡아 멀리서도 눈에 잘 띄었지. 덕분에 해방 후에도 오랫동안 서울의 랜드마크가 되었단다.

서울에서 제일 높은 '뾰족집'

명동성당이 세워진 건 1898년의 일이야. 우리나라에서 두 번째로 세워진 성당으로, 6년 전 서울 중구에 약현성당이 최초로 문을 열었지. 그런데 명동성당이 모습을 드러내자 단박에 더 유명해졌어. 명동성당이 약현성당보다 훨씬 크고 화려했거든. 벽돌 종류만 해도 스무 가지가 넘었지. 특히 47미터에 이르는 뾰족한 종탑은 사람들의 눈을 완전히 사로잡았어. 게다가 언덕 위에 높이 자리를 잡아서 멀리서도 한눈에 들어왔지. 서울 사람들은 명동성당을 '뾰족집'이라고 부르며 너도나도 몰려가 구경했단다.

> **프랑스 신부가 지은 명동성당**
>
> 명동성당과 약현성당은 모두 프랑스에서 온 코스트 신부가 건축을 맡았어. 천주교를 전파하기 위해 조선에 온 코스트 신부는 건축 전문가였거든. 그런데 당시 우리나라에 서양식 건물을 지을 기술자가 없어서 중국에서 불러왔다고 해. 100년도 훨씬 전에 프랑스, 중국, 한국 사람이 힘을 합쳐 멋진 건물을 세운 셈이지.

명동성당 종탑

일제 강점기 당시 서울시가와 명동성당

현재의 명동성당 모습

종현성당에서 명동성당으로

명동성당이 자리 잡은 언덕은 종현(종고개)이라는 곳이었어. 그래서 명동성당의 원래 이름도 종현성당이었지. 그런데 이 자리에는 우리나라 최초로 영세(천주교인이 되는 의식)를 받은 이승훈이 예배 드리던 집이 있었대. 또한 초기 천주교 신자들의 신앙 공동체가 있던 명례방 근처면서, 우리나라 첫 신부인 김대건 신부가 활동하던 돌우물골(현 중구 소공동) 인근이기도 해. 그런 까닭에 여기에 성당을 짓게 된 거란다. 그런데 해방 후 이 지역 이름이 명동으로 바뀌면서 자연스레 명동성당이 된 거야.

> **조선 시대 명례방에서 유래된 명동**
>
> 명동은 조선 시대 명례방으로 불리던 조용한 주택가에서 시작되었어. 명례방에는 종현(종고개), 이현(진고개), 동현(구리개) 등 여러 고개가 있었지. 종현은 임진왜란 때 명나라 군대가 주둔하며 숭례문에 있던 종을 걸어둔 데에서 유래한 지명이야. 바로 이곳에 명동성당이 들어선 것이란다.

명례방 집회 모습

십자가 모양의 고딕 양식 건물

명동성당은 지금도 100여 년 전 모습 그대로 자리를 지키고 있어. 그 시절 서울 사람들이 감탄했던 뾰족한 종탑도 그대로지. 하늘을 찌를 듯이 솟아오른 모습은 지금 봐도 참 멋져. 이런 뾰족탑은 중세 유럽에서 유행한 고딕 양식의 대표적인 특징이란다. 하늘에서 성당을 보면 십자가 모양으로 보이는데, 이것도 고딕 양식의 특징이야. 기독교가 지배한 중세 유럽에서는 하늘에 닿을 듯 높은 탑을 짓고, 건물을 십자가 모양으로 만드는 고딕 양식이 널리 퍼졌단다. 다양한 벽돌을 겹겹으로 쌓은 아치형 정문을 지나면 뾰족한 아치가 계속 이어지는 높은 천장이 보여. 그 아래 줄지어 선 기둥은 엄숙하고 경건한 분위기를 자아내지. 천주교 신자가 아니어도 저절로 손을 모으고 기도를 하게 될 정도로 멋진 모습이란다. 창문마다 색색으로 빛나는 스테인드글라스도 전혀 다른 세상에 온 듯한 느낌을 줘. 여기에는 예수님의 생애가 그려져 있는데, 프랑스에서 만든 후 바다 건너 우리나라까지 가져온 거래.

우리나라 최초의
가톨릭교회 신부 김대건
(1822~1846)

명동성당 일대 전경

명동성당 출입문

명동성당 재단

명동성당 내부

명동성당 스테인드글라스

순교자들이 잠든 지하 묘지

조선에서 순교한 파리외방전교회 프랑스인 사제들

명동성당에 왔다면 지하 성전도 둘러봐야 해. 이곳엔 신앙을 지키려고 목숨을 바친 순교자들의 묘지가 있거든. 김대건 신부를 비롯해 우리나라와 프랑스 순교자 열 명이 잠들어 있단다. 이들은 1876년 강화도 조약으로 나라 문을 열기 전까지 천주교를 금지한 조선 정부에 의해 사형을 당했지. 당시 조선에서는 천주교를 믿거나 전파하기만 해도 목숨을 잃을 수 있었거든. 이건 외국인 신부라 해도 예외가 아니었지. 그래서 1866년에 일어난 병인박해 때 조선인 신자 팔천여 명과 함께 프랑스인 신부 아홉 명도 처형당했어. 이걸 빌미로 프랑스군이 강화도로 쳐들어왔는데, 이것이 바로 병인양요야.

일제 강점기의 고난을 이겨 낸 명동성당

이재명 의사 의거 터 표석

명동성당은 일제 강점기에도 많은 사건, 사고를 겪었어. 일제는 1930년대부터 종교 단체를 전면 통제했고, 제2차 세계 대전이 말기에 접어들면서 철재를 구하기 어려워지자 명동성당 난간을 강제로 뜯어 가기도 했지. 또 성당 아래에 지하 터널을 뚫겠다며 공사 승인을 강요했지만, 명동성당은 끝까지 거부해 소중한 유적지를 지켜 냈단다.

또한 명동성당은 독립운동가 이재명 의사가 의거를 일으킨 곳이기도 해. 이재명은 1909년 명동성당에서 벨기에 황제의 추도식을 마치고 나오던 친일 매국노 이완용을 암살하려고 그의 등에 칼을 꽂았단다.

민주화운동의 상징이 된 명동성당

명동성당은 한국 천주교에서 가장 중요한 성당이자 민주화운동의 중심지였어. 제아무리 군사 독재 정권이라고 해도 명동성당에 함부로 경찰을 들여보낼 수 없었거든. 그래서 민주화운동으로 쫓기는 사람들이 성당에 숨어 지내는 일이 많았어. 그리고 총칼로 정권을 잡은 박정희 대통령 시절 김수환 추기경(천주교에서 교황 다음가는 성직자)은 명동성당 미사에서 정부를 비판하기도 했어. 전두환 대통령 시절에 대학생 박종철이 고문을 받다가 죽었을 때, 이를 축소하고 은폐하려는 정부의 시도를 폭로한 곳도 명동성당이었지. 이러한 명동성당의 역사는 성당 옆 '천주교서울대교구역사관'에서 자세히 볼 수 있단다.

천주교서울대교구역사관

명동성당 앞에서 민주화운동을 하는 사람들

한 걸음 더, 역사 이야기

서학에서 천주교로! 우리나라 기독교의 역사

우리나라에 천주교가 처음 들어온 때는 조선 후기인 17세기야. 이미 서양 선교사들이 활발하게 활동하고 있던 중국을 통해 들어왔는데, 처음엔 '서학'이란 이름으로 불렸지. 말 그대로 '서양의 학문'이란 뜻이란다. 조선 선비들은 서양의 과학 기술뿐 아니라 종교까지도 학문으로 받아들였거든. 처음엔 학문으로 천주교를 공부하다가 나중에 신앙으로 믿게 된 거지. 그러면서 서학에서 천주교로 이름이 바뀌었어. 천주교는 로마 가톨릭을 한자로 풀이한 이름이야. 참고로 천주교와 종교개혁으로 생겨난 개신교, 동로마 제국에서 믿던 정교회 등을 통틀어 기독교라고 해.

유교 국가였던 조선은 천주교를 박해했어. 게다가 천주교인들이 제사를 지내지 않고 조상의 혼을 모신 신주까지 없애자 박해는 점점 더 심해졌지. 나중에는 정치적인 이유까지 더해져 수많은 천주교인들이 목숨을 잃었단다.

《강화부궁전도》에 수록된
〈외규장각도〉

조선이 서양과 벌인 최초의 전쟁, 병인양요

병인양요는 병인년(1866년)에 병인박해를 명분으로 프랑스가 일으킨 전투야. 흥선대원군이 천주교도들을 탄압하기 위해 일으킨 병인박해로 프랑스 선교사 아홉 명이 죽자 이를 구실 삼아 천진에 있던 프랑스 극동사령관 로즈 제독이 함대를 이끌고 조선에 쳐들어왔지. 프랑스는 함대 일곱 척으로 강화도 일부를 점령하고 프랑스 신부를 살해한 자의 처벌과 무역을 요구했어. 물론 천주교를 전파했다는 이유만으로 다른 나라 사람들을 죽인 건 잘못한 일이야. 하지만 이걸로 남의 나라를 침략하는 것이 정당화될 수는 없어. 더구나 당시 서양 국가들은 남의 나라 사정이나 문화는 아랑곳하지 않고 먼저 선교사를 보낸 다음, 그들이 탄압을 받으면 그걸 빌미 삼아 침략하곤 했단다. 그러니까 프랑스의 진짜 속내는 조선의 문호를 개방시키려는 것이었어. 프랑스군은 한 달 넘게 강화도에 머물면서 귀중한 문화재들을 약탈했어. 이때 외규장각에 보관되어 있던 귀한 책들을 훔쳐갔지. 외규장각은 정조가 왕실의 귀한 책들을 보관하기 위해 지은 곳이야. 창덕궁 규장각에 미처 다 보관할 수 없던 책을 이곳에 보관했단다. 아무튼 병인양요로 인해 조선의 천주교 탄압은 더욱 거세졌고, 쇄국 정책도 한층 강화되었어.

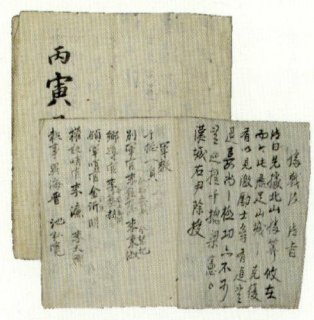

《병인일기》 | 조선의 무신 양헌수가 병인양요 때 승리로 이끈 정족산성 전투를 직접 기록한 거야.

1866년 강화도를 침략한 프랑스 함대

옛 서울역사

위치 : 서울특별시 용산구 | 건축 시기 : 1925년

20세기 서울의 얼굴이었던 서양식 건축

옛 서울역사는 일제 강점기인 1925년에 세워졌어. 붉은 벽돌과 화강암으로 크고 멋지게 지어진 건물은 단박에 서울의 얼굴이 되었지. 전국 어디든 기차로 서울에 오려면 대부분 이곳에 내려야 했거든. 이렇게 거대한 서양식 건물은 다른 지방에선 보기 힘들었고, 옛 서울역사는 서울을 상징하는 건물이 되었단다.

도쿄역에 버금가는 서울역의 탄생

1896년에 지어진 스위스 루체른역

서울역의 원래 이름은 경성역이었어. 일제가 우리나라를 차지한 뒤 서울을 경성으로 바꿔 버렸거든. 경성역은 원래 자그마한 목조 건물이었는데, 나중에 벽돌과 화강암으로 다시 지은 거란다. 경성역은 당시 동양에서 가장 크고 화려했던 도쿄역과도 닮았어. 하지만 실제로는 스위스의 루체른역을 모델로 만들었대. 도쿄역은 네덜란드 암스테르담의 중앙역을 본떠서 만들었고 말이야. 아무튼 둘 다 유럽의 기차역을 모방했으니 분위기가 비슷했지. 경성역을 설계한 건축가 스카모토 야스시가 도쿄역을 만든 다쓰노 긴고의 제자여서 더욱 그랬는지도 몰라.

경성역의 크기는 도쿄역의 4분의 1 정도 되었어. 원래 더 크게 지으려 했는데 1923년 일본에서 엄청난 지진(관동대지진)이 일어나는 바람에 규모가 줄어들었지. 그래도 도쿄역의 뒤를 잇는 '동양 제2의 기차역'으로 불리기에 손색이 없었어.

경성역이 인쇄된 우편엽서

경성역 플랫폼

매표소

중앙홀

3등대합실

역장실

도착 승객 출구

유행의 첨단을 보여 준 화려한 실내와 양식당

우리나라 최초의 레스토랑 경성역 그릴

1등·2등 대합실

경성역은 크고 화려한 외관만큼이나 실내도 멋져. 1층에는 매표소, 중앙홀, 대합실, 귀빈실, 역장실 등이 있었지. 대합실은 기차표 가격에 따라 1등·2등·3등 대합실로 나뉘었는데 비싼 1등·2등 대합실은 주로 일본인들이, 3등 대합실은 조선인들이 이용했어. 조선총독 같은 고위층이 이용한 귀빈실은 샹들리에와 벽난로까지 있었지.

2층에는 당시 최고의 양식당으로 꼽히던 '경성역 그릴'이 자리 잡았는데, 경성의 내로라하는 멋쟁이들이 모여들었어. 당시로선 보기 힘든 샹들리에와 스테인드글라스를 갖추었고, 은촛대와 은그릇이 번쩍였지. 요리사도 마흔 명이나 있었고 말이야. 이곳은 해방 후에도 '서울역 그릴'로 한동안 명성을 이어 나갔단다. 현재 옛 서울역사는 옛날 모습 그대로 복원해 '문화역서울284'라는 복합 문화 공간으로 다시 태어났어. 덕분에 옛 모습뿐 아니라 다양한 전시도 볼 수 있어서 좋아.

'문화역서울284'로 다시 태어난 옛 서울역사

한반도와 대륙 침략의 관문

일제가 경성역을 크고 화려하게 지은 건 경성을 '대륙 진출(이라고 쓰고 '침략'이라고 읽어.)'의 관문으로 삼았기 때문이야. 경성역을 일본과 조선, 중국 만주를 잇는 국제 기차역으로 계획한 거지. 실제로 당시에 도쿄에서 만주까지 가는 기차표를 살 수 있었어. 일단 도쿄에서 기차를 타고 시모노세키까지 간 뒤, 그곳에서 배로 갈아타고 부산까지 가는 거야. 그런 다음 다시 기차를 타고 경성역을 거쳐 만주에 이르렀던 거지.

일제는 이 철도를 러시아를 가로지르는 시베리아 횡단 열차와 연결해 유럽까지 이으려고 했어. 그러면 도쿄에서 베를린까지 가는 기차표도 끊을 수 있었을 거야. 이런 계획을 염두에 두었기 때문에 경성역을 최대한 크고 화려하게 지은 거란다.

경성에서 출발하는 부산, 함흥 방면의 승차권(1920~1940년대)

철도선이 표시된 조선 산업 지도 (1924년)

한 걸음 더, 역사 이야기

한반도의 모습을 바꾼 철도

우리나라 철도의 시작은 서울과 인천을 잇는 경인선이었어. 1900년에 개통된 경인선을 본 사람들은 깜짝 놀랐단다. 거대한 무쇠 몸체에 수많은 사람과 짐을 싣고 말보다 빠르게 내달리는 모습이 무시무시한 괴물처럼 보였거든. 〈독립신문〉도 경인선 개통 소식을 전하며 '화륜차(기차의 옛말) 구르는 소리가 천둥과 같아 천지가 진동했다.'라고 기사를 썼지.

이렇게 시작된 철도는 한반도의 모습을 많이 바꾸어 놓았어. 사람과 물자가 빠르게 이동하니 경제와 산업이 덩달아 발전했지. 또한 철도역이 세워진 지역은 눈부시게 발전했고, 그렇지 않은 곳은 쇠퇴의 길을 걸었단다. 하지만 철도는 일본이 우리나라를 침략하는 통로가 되기도 했어. 거기다 철도를 이용해 우리나라의 쌀이나 자원을 빼앗아 가기도 했단다.

한중일을 잇는 철도 노선 지도
(1910년대 일본 육군 발행)

기차역을 막 떠나고 있는
경부선 급행열차(1921년)

일제 강점기 당시 철도 부설 현황

12·12군사반란을 일으킨 쿠데타군

강우규 동상

독재 정권에 꺾인 '서울의 봄'

독재자였던 박정희 전 대통령이 죽자 우리나라에 민주화 바람이 불었어. 추운 겨울 같던 군사 독재가 봄처럼 따뜻한 민주주의로 바뀌기 시작한 거야. 당시 이러한 분위기를 '서울의 봄'이라고 불렀단다. 하지만 민주화 바람은 전두환이 이끄는 군인들이 12·12군사반란을 일으키면서 된서리를 맞게 되었지. 그래도 시민들은 민주화운동을 멈추지 않았어. 이듬해 5월에는 십만 명이 넘는 대학생들이 서울역 광장에 모여 비상계엄을 없애야 한다고 주장하며 시위를 벌였지. 하지만 전두환의 군사 정권은 오히려 비상계엄을 전국으로 확대하면서 민주화운동을 더 거세게 탄압했어. 서울역 광장에서 활짝 피었던 서울의 봄이 군사 독재에 의해 꺾여 버리고 만 거야.

서울역에서 폭탄이 터진 까닭

옛 서울역사 앞에는 한복 두루마기를 입은 남자의 동상이 있어. 왼손으로는 사람 머리 크기만 한 주먹을 불끈 쥐고, 오른손에는 수류탄 모양의 폭발물을 들고 있지. 이 인물의 이름은 강우규. 그는 일제에 나라를 빼앗기자 만주로 넘어가 신흥촌과 동광학교를 세우고 민족운동을 펼쳤어. 3·1운동 직후에는 블라디보스토크에서 노인회를 조직해 독립운동에 앞장섰단다. 그러던 중 조선총독으로 사이코 마코토가 임명되어 조선에 온다는 소식을 듣고 그를 암살하기로 결심했지. 1919년 9월 2일, 강우규는 서울역에 도착한 사이코 마코토에게 폭탄을 던졌어. 하지만 안타깝게도 폭탄은 빗나갔고, 붙잡힌 강우규 의사는 이듬해 서대문형무소에서 생을 마감했단다.

함께 알아 두면 좋은 대한민국 랜드마크

종묘

종묘는 조선의 왕과 왕비 신위를 모신 사당이야. 유네스코 세계 문화유산에 등재된 역사적 장소지. 지금도 종묘제례악 같은 전통문화가 전해지고 있어서 역사를 좋아하는 사람들한테 인기가 많단다.

동대문디자인플라자

서울 동대문에 있는 복합 문화 공간이야. 전시, 패션쇼, 디자인 마켓 등 다양한 문화 행사가 열리지. 이라크 출신의 세계적인 건축가 자하 하디드가 설계했고, 밤에는 조명이 아름다워서 사진 명소로도 유명해.

롯데월드타워

123층 555미터의 초고층 빌딩으로, 대한민국에서 가장 높은 건물이야. 특히 전망대에서는 서울 전경을 한눈에 볼 수 있어서 관광객들에게 인기가 많아. 밤에 보면 조명이 정말 예쁘고, 불꽃놀이도 자주 열려.

63빌딩

여의도에 위치한 63층 높이의 건물이야. 한때 대한민국에서 가장 높은 건물이었지. 전망대, 아쿠아리움, 미술관 등이 있어서 가족 나들이나 데이트 장소로 인기가 많아. 한강이 한눈에 내려다보이는 전망이 유명해.

남한산성

경기도 광주에 있는 산성으로, 조선 시대에 적을 막기 위해 지은 군사 요새야. 병자호란 때 인조가 청나라군을 피해 머물렀던 곳으로 유명하지. 유네스코 세계 문화유산으로 등재돼 있고, 성벽을 따라 걷는 산책로가 멋져.

해동용궁사

부산 기장군 해안 절벽에 자리한 아름다운 사찰이야. 보통 산에 있는 절과 달리 바닷가에 있어서 '바다 위의 절'이라고도 해. 고려 시대에 지어진 유서 깊은 사찰로, 소원을 비는 성지이자 일출 명소로 유명해.

독일마을

경남 남해군에 있는 독특한 마을로, 1960~1970년대에 독일에 일하러 갔던 교포들이 귀국해 모여 살면서 생긴 곳이야. 독일식 집과 한국의 바다가 어우러진 아름다운 경치로 유명해서 여행객들에게 인기가 많아.

호미곶

'호랑이 꼬리 모양의 땅끝'이라는 뜻의 해안 지역이야. 해맞이 명소로 유명해서 매년 새해 첫날 많은 사람들이 일출을 보러 모여들지. 광활한 바다 앞에 '상생의 손'이라는 대형 조형물이 있어서 사진 찍기도 좋아.

대한다원

전남 보성에 위치한 대한민국 최대 규모의 녹차밭이야. 끝없이 펼쳐진 초록빛 차밭 풍경이 정말 아름다워. 자연 속에서 힐링하면서 신선한 녹차를 맛볼 수 있고, 한국 전통 차 문화를 경험하기에 좋은 곳이지.

해인사

경남 합천에 있는 절로, 고려 시대에 만든 팔만대장경을 보관하는 곳으로 유명해. 이 불경 목판은 유네스코 세계 기록 유산으로 지정되었단다. 산속 깊이 자리한 해인사를 걷다 보면 전통 한국 사찰의 멋을 느낄 수 있어.

순천만자연생태공원

전남 순천에 있는 습지 공원이야. 다양한 철새와 식물이 서식하는 자연 보호 구역으로, 특히 겨울철에 철새들이 많이 찾아와. 갈대밭과 넓은 갯벌이 펼쳐져 있어 산책하기 좋고, 걷는 길마다 아름다운 풍경이 펼쳐져.

성산일출봉

제주도 동쪽에 있는 거대한 화산 분화구로, 바다 위에 솟아오른 바위산 같은 모습이 인상적이야. 정상에 올라가면 제주 바다와 주변 풍경이 한눈에 들어온단다. 제주 자연의 아름다움을 느낄 수 있는 대표 관광지야.

사진 출처

국가유산청

10p 현재의 광화문과 해태상, 광화문 내부와 천장화 | 11p 영제교와 근정문 | 12p 《조선경국전》 | 13p 경복궁 전경 | 14p 근정전 | 15p 경회루 | 16p 향원정 | 17p 사정전, 수정전, 강녕전, 교태전, 교태전 아미산 굴뚝, 자경전, 집옥재, 건청궁 장안당 | 18p 자선당 내부, 비현각 내부 | 19p 자선당, 비현각 | 24p 창덕궁 전경 | 26p 창덕궁 삼정승 나무, 돈화문 | 27p 진선문과 금천교 전경, 금천교 난간, 금천교 측면 | 28p 인정전, 인정전 내부 | 29p 희정당, 선정전 | 30p 대조전과 흥복전, 낙선재 후원 | 32p 부용정, 주합루 | 33p 애련지와 애련정, 연경당 안채, 옥류천 | 35p 서울 태릉 | 41p 창의문 | 43p 남산골 한옥마을 윤택영 재실 | 51p 청·일 조계지 경계 계단 | 52p 인천 구 일본제1은행, 인천 구 일본제18은행 | 53p 용동 큰우물 | 59p 창룡문, 동북공심돈, 북동포루 | 60p 서노대, 봉돈 | 61p 정조 어진, 화성 융릉과 건릉 | 68p 금서루(공산성 서문) | 69p 영동루(공산성 동문), 광복루 | 71p 쌍수정사적비 | 72p 무령왕릉 외부 | 81p 중앙탑 상륜부 양화, 탑신부 | 83p 탄금대 전경 | 100p 도산서원 현판 | 101p 광명실, 농운정사, 장판각, 상덕사 | 102p 《고봉문집》 목판 | 105p 필암서원 확연루 | 113p 첨성대 | 121p 불국사 무설전 | 122p 금동아미타여래좌상, 금동비로자나불좌상 | 124p 석굴암 내부, 사천왕상, 금강역사상, 십일면관음보살상 | 125p 본존불 정면, 제4승려상, 궁륭천장과 연화천개석, 본존불 측면 | 130p 〈변관식밀영도교〉 | 133p 부산 전차 | 143p 경기전 조경묘 | 157p 《조선사경》, 양주 회암사지 | 171p 명동성당 일대 전경 | 177p 《병인일기》 | 182p 문화역서울284 | 186p 종묘

서울역사박물관

10p 일제 강점기 시대 광화문 | 42p 조선신궁 전경 | 45p 이승만 동상 건립 모습 | 50p 〈임오군란사실〉 | 54p 임오군란 당시 일본공사관을 습격하는 구식 군인들 | 105p 흥선대원군 이하응 초상화 | 136p 군산항 쌀 반출 선적 장면 | 137p 부산 임시수도 정부청사 | 164p 고 이한열 추모 시위 (6월 민주 항쟁) | 169p 일제 강점기 서울시가와 명동성당 | 180p 경성역이 인쇄된 우편엽서_왼쪽 | 184p 경부선 급행열차

국립중앙박물관

15p 〈정해진찬도병 근정전진하도〉 | 73p 진묘수, 청동거울, 무령왕비 나무 베개, 금제 관식, 무령왕릉 묘지석, 무령왕 발받침 | 80p 일제 강점기 시대의 중앙탑 | 94p 송시열 초상화, 〈신사임당 초충도〉 | 98p 안향 초상화 | 100p 〈도산서원도〉 | 102p 이황 묘비 탁본

국립고궁박물관

18p 매화틀 | 28p 고종 어진 | 29p 순종황제 어차 | 31p 고종황제와 황실 가족 | 35p 〈명성황후국장도감의궤〉 | 62p 《화성성역의궤》 본문_화성행궁도 | 64p 영조 어진, 영조대왕 훈유 | 65p 화성능행도병풍 | 99p 《성학십도》 | 102p 《퇴계선생언행록》 | 140p 〈조선왕조실록〉 오대산사고본

국립민속박물관

83p 가야금, 거문고 | 88p 오천 원권 | 131p 1930년대 영도대교의 모습 | 180p 경성역이 인쇄된 우편엽서_오른쪽

국립경주박물관

109p 〈천마총 장니〉, 천마총 금관, 천마총 금제 허리띠, 천마총 금제 관모, 천마총 청동솥 | 111p 황남대총 유리잔, 황남대총 금제 관식, 황남대총 금관, 황남대총 금제 고배, 황남대총 금은제 뚜껑 달린 그릇, 황남대총 금팔찌, 황남대총 금목걸이, 황남대총 은잔, 황남대총 은제 팔뚝가리개 | 122p 금동약사여래입상

인천광역시시립박물관 50p 인천 각국 조계석

국립부여박물관 72p 백제 금동대향로

국립춘천박물관 130p 부산 영도교 엽서 봉투

국립전주박물관 147p 〈전주부지도〉

국립문화재연구소 48p 서오릉 중 경릉의 홍살문

불교중앙박물관 〈무구정광대다라니경〉

부산박물관 131p 영도 점바치 골목 전경

부산광역시 중구청 131p 영도 점바치

어진박물관 142p 태조 이성계 어진

서울중앙도서관 177p 〈외규장각도〉

문화역서울284

181p 경성역 플랫폼, 매표소, 중앙홀, 3등 대합실, 역장실, 도착 승객 출구 | 182p 경성역 그릴, 1등·2등 대합실 | 183p 경성역 기차표, 조선 산업 지도 | 184p 한중일을 잇는 철도 노선 지도

한국민족문화대백과사전

21p 〈조온 사패왕지〉 | 27p 금천교 석수 | 62p 《화성성역의궤》에 실린 거중기 그림 | 72p 무령왕릉 내부 | 74p 충주 고구려비 | 75p 《인조실록》 | 79p 경주 신라 원성왕릉과 주변 석상 | 83p 탄금비 | 84p 경주 이견대 | 85p 신립 장군 순절 기념비 | 90p 율곡매 | 91p 바깥채, 문성사, 자경문, 어제각, 오죽헌과 몽룡실 | 92p 선교장 중문 | 150p 도선 초상화, 의천 초상화

한국관광공사 포토코리아

40p 남산 구간의 한양도성길(이범수) | 41p 흥인지문(이범수) | 48p 의선당(김지호) | 49p 제3패루 선린문(전형준) | 51p 삼국지 벽화 거리(전형준) | 68p 공북루(전형준), 쌍수정(전형준) | 69p 진남루(전형준), 임류각(전형준), 만하루와 연지(이범수) | 70p 금서루 앞 비석군(김지호), 공산성 성곽길(김지호), 금강에서 바라본 공산성(이윤하) | 74p 부여 정림사지 오층석탑(김지호) | 78p 충주 중앙탑 전경 | 80p 중앙탑사적공원의 야경(심현우) | 82p 충주박물관 외부(송재근), 충주박물관 내부(김지호), 탄금호 무지개길(송재근), 충주호 조각공원(김지호) | 88p 오죽헌·시립박물관 전경(IR 스튜디오) | 90p 오죽헌 입구 전경(이범수) | 92p 선교장 전경(김지호) | 93p 선교장 활래정(이범수), 선교장 열화당(김지호) | 98p 소수서원(이범수) | 99p 도산서원(양지뉴 필름) | 101p 전교당 내부(김지호), 도산서당 외부(김지호) | 103p 병산서원 만대루(김지호), 병산서원 입교당(김지호), 병산서원(현영찬) | 105p 돈암서원 수월루(김지호), 무성서원(이범수) | 108p 경주 대릉원 전경(IR 스튜디오), 천마총(김지호), 미추왕릉(박아름) | 113p 동궁과 월지의 야경(양지뉴 필름) | 118p 불국사(양지뉴 필름) | 132p 영

도대교(부산관광공사) | 134p 현재 국제시장의 모습(이병헌) | 137p 흰여울문화마을(부산관광공사) | 143p 경기전(황성훈), 전주사고(김지영) | 144p 학인당(전형준) | 145p 전동성당(김지호) | 151p 선암사(김용은) | 152p 선암사 승선교 | 153p 대웅전(김지호), 해우소(전형준), 응진당(이범수) | 154p 선암사 매화(김지호) | 155p 송광사(심철), 송광사 무지개 다리(Elliott Klinger), 송광사 나무 밥통(김지호) | 172p 명동성당 출입문(이범수), 명동성당 재단(이범수) | 173p 명동성당 내부_아래쪽 사진(이범수), 명동성당 스테인드글라스(이범수) | 186p 롯데월드타워(이범수), 동대문디자인플라자(김대형), 남한산성(라이브스튜디오), 63빌딩(이범수), 해동 용궁사(김지호) | 187p 독일마을(김지호), 호미곶(김지호), 대한다원(박아원), 해인사(이범수), 순천만자연생태공원(박동철), 성산일출봉(유정희)

셔터스톡

38p 남산서울타워 | 41p 숭례문, 남산 봉수대 | 43p 남산서울타워와 팔각정 | 49p 제1패루 중화가, 인천 차이나타운 거리 | 58p 북수문(화홍문) | 59p 화서문과 서북공심돈, 화성 성곽 | 60p 서북공심돈, 화성 행궁, 연무대, 동북각루(방화수류정) | 63p 서장대(화성장대), 팔달문 | 69p 영은사 전경 | 88p 오만 원권 | 118p 불국사 천왕문, 다문천왕과 지국천왕 | 119p 불국사 자하문, 안양문 | 120p 석가탑과 다보탑 | 121p 불국사 대웅전, 관음전, 범영루, 극락전, 해탈교 | 127p 화엄사 사사자 삼층석탑, 성덕대왕신종 | 133p 영도대교 도개 장면 | 135p 감천문화마을 | 140p 전주향교 | 141p 풍남문 | 142p 경기전 정전 | 145p 전주 한옥마을, 오목대 | 168p 명동성당 종탑 | 169p 명동성당 | 173p 명동성당 내부_위쪽 사진 | 185p 강우규 동상

위키미디어 공용

25p 〈동궐도〉 | 33p 청의정 | 44p 박지원 초상화, 《열하일기》 | 49p 제2패루 인화문 | 51p 공화춘 | 53p 인천 자유공원 | 62p 정약용 초상화 | 81p 중앙탑 기단부와 연꽃 돌판 | 85p 〈일전해위도〉 | 93p 선교장 동별당 | 114p 실크로드를 따라 이동하는 마르코 폴로와 무역상들 | 115p 《쿠쉬나메》 사본 | 134p 1953년 2월 8일 국제시장 모습 | 160p 5·18무장항쟁군상, 5·18민중항쟁추모탑 | 161p 국립5·18민주묘지 민주의 문 | 163p 옛 전남도청 건물 | 171p 김대건 신부 동상 | 174p 파리외방전교회 프랑스인 사제들, 이재명 의사 의거 터 | 175p 천주교서울대교구역사관 | 177p 강화도를 침략한 프랑스 함대 | 180p 스위스 루체른역